मन की आवाज़

लेखिका :

विजय मल्होत्रा

सम्पादक :

डा मोनिका चारूश्री सपोलिया

Desktop Publishing by:
CITP INC.
Bharat Times
148 Rue Filion
Laval, QC Canada
services@citpinc.biz
www.bookstore.bharattimes.ca

ISBN: 9781777346904
Language: Hindi
Type of book: Spiritual Poems

Price: $18.00

Author's contact: say.sai.sai@gmail.com

शिरड़ी साईं बाबा
एवम्
गुरू जी
को समर्पित

ॐ

गणेश वन्दना
आवत हैं गणपति

आवत हैं गणपति आनन्दा करो, आवत हैं गणपति आनन्दा करो – २

मूस चढ़े गणनायकआये – २, और आई ऋद्धि सिद्धि – आनन्दा करो
आवत हैं गणपति आनन्दा करो, आवत हैं गणपति आनन्दा करो

गरूड़ चढ़े श्री राम पधारे – २, और आई सीता सती – आनन्दा करो
आवत हैं गणपति आनन्दा करो, आवत हैं गणपति आनन्दा करो

बैल आए शिव शंकर आए – २, और आई पार्वती – आनन्दा करो
आवत हैं गणपति आनन्दा करो, आवत हैं गणपति आनन्दा करो

धूप जलाऊँ रामा दीप जलाऊँ–२, और जलाऊँ अग्रबत्ती–आनन्दा करो
आवत हैं गणपति आनन्दा करो, आवत हैं गणपति आनन्दा करो

तुलसीदास आस रघुवर की – २, दियो हमें शुभमति – आनन्दा करो
आवत हैं गणपति आनन्दा करो, आवत हैं गणपति आनन्दा करो

ॐॐॐॐॐॐॐ
औम शान्ति !

My Mother

My mom, Vijay Malhotra, a brave NCC cadet, has been excellent in stitching, knitting, cooking and singing too. Her marriage into a huge joint family, with strong male influence, changed her life style.

Before and after marriage, she witnessed religious practices which were more ritualistic. Her spiritual journey was over-powered by household responsibilities. I was in my teens when my mom shared with me the change she was experiencing in her spiritual life.

She had found a GURU. She was sitting for meditation and an inner world of spirituality was unfolding. This path wasn't understood by many of my family members and she faced opposition.

She had to give up her Guru and return to her daily, domestic humdrum existence. Some very tough happenings in her life once again woke up the dormant spirituality.

Now there is an outpour of beautiful poetry. It was a lovely phase of my mom's life, where she got personal satisfaction and public acclaim.

Those beautiful poems are being compiled in this book. These are a reflection of my mom's internal world. Today at the age of 80, she reflects upon this poetic part of her life as one of the most beautiful.

Hope you will enjoy reading these poems, as much as she enjoyed writing them.

Ritu Dhawan

Ritu Dhawan with her mother Vijay Malhotra

A Gracious Lady with a Gracious Soul !

Monika Charushree Spolia, Editor of Man Ki Awaaz

A close family friend from India, who I had heard a lot about while growing up, is now living in Canada. My siblings shared joyful stories about Vijay Malhotra's family when they were in Firozepur and later in Jalandhar, Punjab.

I was taken by surprise when my sister introduced me to Vijay Bhabhi ji one day. My joy surmounted upon finding out that she is in Vancouver with her daughter, Ritu and both are Sai Bhakts.

I felt a spiritual connection which went deeper as I read her poems.

Vijay Bhabhi ji's poems are from all walks of life. No doubt she has written a lot on Sai, but she has also shed light on relationships and certain social scenarios and taboos.

It is rare to came across a woman so level headed as her. To this day, she is in awe of Sai energy. She suggests to use this energy for good purpose and not waste it. She uses Sai energy to write poems that are meaningful to the society. As well as she is an excellent singer. She loves to sing Sai bhajans at the temple and recite poems.Everyone enjoys her poetry and signing.

This book is her legacy to her family, her children, grandchildren and for generations to come.

Kind hearted, generous and humble, Vijay Bhabhi ji embraces everyone with open arms. A gracious lady with a gracious soul !

Dr. Monika Charushree Spolia
Editor of 'Man Ki Awaaz'

I believe This much is True !

On February 17, 2017, I was looking for a Shirdi Sai Temple to go to. I found a contact number on the Facebook that I called reluctantly, not knowing the respond from the other side.

A sweet and familiar voice answered the phone. To my surprise she happened to be my neighbour from Ferozepore, India from 1968.

Yes, it is Vijay Malhotra. I was basically talking to her after 50 years. Same sweet tone, pleasant, vibrant, inspiring voice I was dying to hear. Her daughter Ritu serves this Sai temple where I showed up the next day. She still looked the same as I had envisioned her in my mind.

As a little girl I saw her as an amazing woman. A tall, slim, Indira Gandhi' look alike personality, running household full of adult siblings from husband side and In-laws also. I remember her as an amazing cook, picture perfect woman who lived with styled fashion in nice sarees but ran the household so efficiently.

I used to get ice from her on hot days and she treated me like a million dollar person. Whenever I showed up, she left what she was doing and catered to me. She had made a very special place in my heart with her generosity and caring nature. I can't say enough about how much I lived to see her.

I always dreamed of getting married, cooking for a house full of people and loving my younger siblings and of my husband. Wow! I called her Bhabhi ji then and even now nothing has changed; she is still my bhabhi ji. Raj Bhaia is not in this world anymore.

I visited her quite often and the stories of wisdom, strength and courage I listened and learned from her are sure admirable.

One day by chance, I found out she writes poems and had a book already printed. She was able to find that book for me.

I asked my sister Monika Charushree Spolia who is an editor in Montreal to help print her book with the new added poems. Monika has worked selfless and endless hours on this book and

10

finally it is taking its shape.

Each poem Bhabhi ji wrote is a reflection of her insight of the world. I am glad I could do something for this special Bhabhi ji with my sister's help. It is a little token of paying back for the ice cubes I was given with integrity.

Sai bless her always !

Renu Vedangi Pragya Sharma

अनुक्रम

मन की आवाज़

लहू एक है

लहू लहू का प्यासा क्यूँ है,
हैरानी सी होती है।
लहू के इक दो कतरे पे,
धरती माँ रोती है।
पाँच तत्त्व का बना ये पुतला,
खाक में मिल जाएगा।
जुल्मों सितम ढाने वाले,
हाथ तेरे क्या आएगा।
लहू तो लहू है अपना हो या गैरों का,
या मज़हब के ठेकेदारों का।
जो चला गया वो आएगा नहीं,
ऊपर वाले को ये सब भाएगा नहीं।
बस उससे डर, जाने कब तुझे मिटाए,
किसी को तो अपना बना ले।
सब अपने हैं पराए नहीं,
जो जाते हैं कभी आए नहीं।
जितना बने प्यार कर ले,
इसी में अल्लाह है इसी में श्यामा है,
धर्मों का युद्ध तो एक बहाना है।

प्यार का सागर

तू प्यार का सागर है,
ना जाने कितनी तरसती बूँदों को पनाह देते हो,
और मुरझाए चेहरों को खिला देते हो।
हम ही फरामोश हैं तेरे अहसानों को भुला देते हैं,
दुनिया की झूठी खुशियों में सब कुछ लुटा देते हैं।
तू ही महान जानी जान है, सब कुछ भुला देता है,
हमारे खाली दामन खुशीयों से भर देता है।

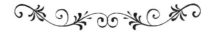

पछतावा

दूर कहीं एक सिसकी सुनी,
शायद कोई किये पे पछता रही थी।
और दर्द का गाना गा रही थी,
कि कोई हो जो सही राह दिखा दे,
और मंज़िल पे पहुँचा दे।
इक करिश्मा हुआ। इक उजाला हुआ,
इक मसीहा मिला, हाथ थामा भंवर से निकाल दिया।
फिर वह रोती है उसके पाँव धोती है,
कहती है धन्य तू है जो इक पुकार पे कुर्बान होता है।

उससे डर

इक पंछी क्षितिज में उड़ा जा रहा था,
मुझे भी पर लगे मैं भी उड़ने लगी।

नीचे दुनिया दिखी गर्दन ऊँची हुई,
कि मैं सबसे ऊँची उड़ रही हूँ।

इक गिद्द आया पंख काट दिये गर्दन चाप कर,
मैं कहाँ से गिरी, गिर के खाक हुई।

जानती न थी उड़ते हैं वह गिरते भी हैं,
जो झुके रहे वह फलते ही हैं।

फूल झुके पेड़ों के आते हैं। अकड़ों के नहीं,
ऊँचे पेड़ों के ना छाया ना फल।

ीना तो उनका है जिनके फल पड़े,
उड़ेगा तो मरेगा ही, बस उससे डर के रह।
वो ही तेरा कल्याण करेगा।

नादानी का झगड़ा

इक दिन नादानी में इक झगड़ा किया,
मैं तो नादान थी आप तो भगवान थे।
इक नज़र से प्रल्य तो मचा सक्ते हो,
क्या इक दीन के भाग्य न जगा सक्ते हो।
मैं तो जन्मों से खोई रही थी,
जागते भी सोई रही थी।

उत्तर मिला

तूने बाहर खोजा है अन्दर नहीं,
बस जब चाहो गर्दन झुकाओ देख लो।
मैं तो हर पल तेरे करीब था,
तू ही खो रही थी,
बेखबर सो रही थी।
अब भी जाग, नादानीयों से भाग,
मैं हर पल तेरे करीब हूँ।
बस गर्दन झुकाओ देख लो।

बंजारे का गीत

इक बंजारा जा रहा था, और गुनगुना रहा था।
जागो यारो जागो यह नाम की घड़ी है।
उठ और तार मिला,
तेरे दिल में उसका घर है,
ना सोकर वक्त गँवा।
अब सोएगा तो सोता ही रहेगा,
ना नाम लिया तो रोता ही रहेगा।
नशा करके देख पीएगा तो पीता ही रहेगा।
पिलाता भी रहेगा उसके गुणों को गाता ही रहेगा।

भक्त की पुकार

दूर भँवर में इक नौका घिरी थी।
मल्लाह रो रहा था।
दीनों के नाथ सुन इम्तिहान की घड़ी है।
इक भक्त की पुकार तुझको हिला देगी,
इक भटके मुसाफिर को सरे राह लाएगी।
इक मसीहा मिला, दिल का फूल खिला।
हाथ थामा भंवर से निकाल दिया।
खुशी से रोता है उसके पाँव धोता है।
धन्य है तू जो हर प्रकार से कुर्बान होता है।

इक दीन की पुकार

तेरे दर के किस्से सुने थे।
कि लाखों आते हैं और मुरादें पाते हैं।
इक हजूम खड़ा है झोली फैलाए।
उसी में इक दीन खड़ी है।
लाखों को देने वाले, मेरी पुकार सुन।
इस छोटी सी झोली को अपने नाम से भर दे।
फिर तेरे ही रहमों करम को सवेरे शाम गाऊँगी।
और झूलती गाती दीवानी हो जाऊँगी।

गया वक्त हाथ ना आएगा

ज़िन्दगी के सफर में जो मुकाम गुज़र जाते हैं,
वह माँगने से भी नहीं आते।
सुबह होती है फिर शाम होती है।
बस यूँ ही उमर तमाम होती है।
अब कर लूँगा कल कर लूँगा
पर जानता नहीं।
मौत का इक दिन मुन्वयिम है।
आएगी और साथ ले के जाएगी।
फिर दरगाह पे हिसाब होगा।
तेरे इक इक पल का।
फिर रो–रो कर हाल गंवाएगा
पर गया वक्त हाथ नहीं आएगा।

फकीर की पुकार

कल तेरे दर पे इक फकीर पड़ा था।
शायद रोटी के लिये दम तोड़ रहा था।
सब के देने वाले यह कैसा इन्साफ
एक रोटी के लिये तरसता है।
दूसरे के रोटीयां बरसती हैं।
बड़ा दुःख हुआ यह कैसा इन्साफ
तू ही देवन हार है और तू ही पालन हार।
हम ही मूर्ख हैं फिर बुरे पे बुरे करम किये जाते हैं।
बस सोचते नहीं। उसकी लाठी में आवाज़ नहीं।
सिर्फ चोट ही पड़ती है।

शिव तू शक्ति हो

शिव तुम क्या हो?
श और व की सन्धी हो।
श से शान्ति रस और व से वीर रस टपकता है।
रूप तुम्हारा शान्ति का भण्डार और हर हर महादेव।
वीरता का नारा है।
तान्डव से प्रलय मचा सकते हो।
ओम नमः शिवाय से समाधी लगा सकते हो।
बस जहाँ शान्ति शान्ति शान्ति हो जाए।
मैं तो दोनों रूपों की दीवानी
वीर रस के बिना जोश नहीं।
शान्ति रस के बिना होश नहीं।
सो पूर्ण शिव ही पूर्ण हो।

दोहे

हाड़ मास का पुतला, जल कर होगा राख ।
रूह की है यह ओढ़नी, रूह धो धो कर ले साफ ।

ओढ़नी धो कर क्या मिले, अन्दर से मोर बास ।
रूह अगर तो धो सके, तो प्रभु पाएगा पास ।

आग जलाए तन को है, पाप जलाए मन ।
मन की अगन बुझाएगा, तो पाएगा परमानन्द ।

प्रभु ढूँढने के लिये, कहाँ चले मेरे मीत   ।
मन के अन्दर झाँक ले, जहाँ बजते अन्हद गीत ।

असली घर को लूट ले, जो चक्कर से छुड़वाए ।
नंगा ही तू आया था, नंगा ही चला जाए ।

झूठे मोह में फंस गया, क्यूं हीरा जन्म गँवाए ।
असली धन को भूल गया, झूठा धन भरमाए ।
असली धन को लूट ले, जो चक्कर से छुड़वाए ।

तू अपना आप संवार

सब जाने पहचाने चेहरे हैं ।
कुछ जन्म से पहले के ।
कुछ पहली मौत के बाद के ।
यह जन्म तो सपना है ।
कहाँ तलक कोई अपना है ।
सब बदला लेने आए हैं ।
सच है कि लोग पराए हैं ।
हम मूर्ख हैं जो लुटाते हैं ।
कर्मों के भोग ये सब करवाते हैं ।
अपना सब कुछ गँवाते हैं ।
तेरा कोई न था, न है, न होएगा,
तेरे बाद सुखों को रोएगा ।
तू अपना आप संवार ले ।
प्रभु का नाम पुकार ले ।
जो तेरे सबसे करीब है ।
यहां तो केवल मोह माया ही तेरी तरकीब है ।

यह बेगानों की बस्ती

मैं   सपने   में   मुस्कुरा   रही   थी   ।
क्यूँकि   होश   वापिस   आ   रही थी   ।
हम   जहान   में   मदहोश   हुए   जाते   हैं   ।
अपना   सब   कुछ   लुटाते   हैं   ।
बेगानों   की   बस्ती   में   शायद   ही   कोई   अपना   हो   ।
और   शायद   यह   कोई   सपना   हो   ।
तू   नंगा   आया   था,   नंगा   चला   जाएगा   ।
नाम   के   बिना   गया   वक्त   हाथ   नहीं   आएगा   ।
यह   घर   परिवार   सब   पराया   है   ।
जो   दिखता   है,   सिर्फ   साया   है   ।
दुनिया   में   तो   डूबता   चला   जाएगा   ।
फिर   पुकार   पे   भी   वो   नहीं   आएगा   ।
हर   साँस   उसी   पे   लगा   दे   ।
जो   तेरे   सब   से   करीब   है   ।
नहीं   तो   रोता   आया   था   और   रोता   चला   जाएगा   ।
फिर   गया   वक्त   हाथ   नहीं आएगा   ।

27

मैं पैदा क्यूँ हुई

हँसी आती है कि मैं पैदा क्यूँ हुई ।
क्या जाता अगर मैं ना भी होती ।
तेरे जहान की नींद सोती ।
ना ही तेरा नाम लिया, ना कोई अच्छा काम किया ।
कहते हैं देर आया, दरूस्त आया ।
पर विजय ने तो अपना सब कुछ लुटाया ।
होश ना थी, तो सभी कुछ चल रहा था ।
होश में आते ही तब इन्सां जूझता है ।
बेहोशी में कहाँ कुछ सूझता है ।
होश में आते ही सब कुछ थम गया है ।
मेहरबानी में ये इतनी देरी क्यूँ ।
तू तो अन्दर है फिर इन्सां किन गलियों में ढूँढता है ।
मैं इक दीन करमहीन अब पछताती हूँ ।
तेरे ही गुणों के सरेआम गाती हूँ ।

रूहानी सफर

इस चकाचौंध और बिखरा बिखरा रूहानी नूर ।
सब उजाला हुआ, इक मसीहा दिखा ।
बस इक बरसाती अच्छेपन की तलाश है ।
जिसके बाद हरा ही हरा नज़र आता है ।
बस नज़र आए तू ही तू ही तू ही।
बाकी नज़ारे ओझल कर दो।
मदहोश मेरा सफर कर दो।
अब मैं खोना चाहती हूँ।
सिर्फ तुम्हारी होना चाहती हूँ।

उजाला कर दो

इन चिरागों से उजाला हुआ अन्धेरे उदास हुए ।
जिस नूर से जुदा थे, पल पल उस के पास हुए ।
हम बाहरी चिरागां करने में
जन्मों के जन्म लगाते हैं ।
जब से इक उजाला हुआ, इक मसीहा मिला ।
इक रूहानी सा नशा चढ़ा रहता है ।
और अन्दर इक नाद सुनाई देता है ।
जी चाहता है गाती रहूँ गुनगुनाती रहूँ ।
दुनिया बदल गई, मेरी दुनिया बदल गई ।

सब महक लगता है

सब महक महक लगता है, कदम बहक बहक लगता है ।
इसी में खो जाऊँ, दीवानी सी हो जाऊँ।
दीवानगी का आलम बढ़ता ही जाता है।
ना जाने यह क्या कहलाता है।
तेरा नाम और नूर, साकी का काम करता है।
बिन पिये नशा बढ़ता ही जाता है।
इतनी पिला कि झूमती जाऊँ।
तेरे गुणों के गाती गाऊँ।
फिर दुनिया मुझे ढूँढे, मगर मेरा निशां कहीं ना हो ।

अब खाट पड़ा पछताता है

इक चिरागों उजाला हुआ, पेच भूत के किले में।
(मानों जन्म हुआ)
कुछ पुराने संस्कारों का खजाना लिये ।
रूनक झुनक बचपन बीता ।
फिर मदहोश जवानी का आगाज़ हुआ ।
बस मोह माया और मोहिनी के चक्कर में
ना जोश रहा, ना होश रहा ।
अब कर लूँगा, कल कर लूँगा ।
पर होश नहीं था, मौत इक दिन मुव्वदन है ।
ना प्रभु का नाम लिया, ना ही अच्छा काम किया ।
माया की भूल भूलाईयों में ना होश रहे ना जोश रहा ।
अब खाट पड़ा पछताता है फिर किससे गिला करेगा ।
उस का क्या जाता है ।
अब भी जाग ले मोह माया से भाग ले ।
नहीं तो सोता रहा है, सोता ही रहेगा ।
दिल बार बार कहेगा ।
ना खुदा ही मिला ना विसाले सनम ।
ना इधर के रहे ना उधर के हम ।

दाता मेहरबान है

आँचल फैला, दाता मेहरबान है।
तू ही गिर गया है वो तो बड़ा महान है।

क्या माँगता है, दगाबाज़ दुनियावी सुख।
जो साए की माफिक आते हैं, आँख झपकते ही जाते हैं।

अरे सुख तो किराए के यूं हैं?
जो न तेरे थे, न हैं, न होएंगे।
वही तो हम काटेंगे जो बोएंगे।

बस आँचल फैला।
दाता मेहरबान है।
झोली भर देगा नाम से।
वो तो बड़ा मेहरबान है।

उसकी झोली में समा जा, जहाँ मस्ती ही मस्ती है।
जो सबकी झोली भर दे, वो ही तो एक हस्ती है।

होश कहाँ थी

काले स्याह अन्धेरों में बरसों वीरा चलती रही ।
ना आगा सूझ रहा था न पीछा ।
इक दीवानी भटकती रही ।
होश हो तो अच्छा या बुरा कुछ सूझता है ।
पर होश कहाँ था ।
तड़प थी उसकी किरण की जो बरसों ना मिली
मिलते ही मुर्झाई कली फिर से खिली।
उसके करम से वीराने भी आबाद हो जाते हैं।
जिधर देखो गुल ही गुल खिल जाते हैं।

तेरा करम

अब नशा ही नशा लगता है, यह किसका करम है।
मैं का नशा तो महज़ इक भरम है।
यह करके तो देख जो बढ़ता ही जाता है।
और ना जाने ये क्या कहलाता है।
यह मस्ती है आबे हैयात की जो पल पल रसती है
तू पी के तो देख दुनिया तो इसे तरसती है।

तुझ से मिलन

कुछ पल मिलते हैं। जब तुझ से मुखातिब होते हैं।
इक समा सा ठहर जाता है।
ऊपर का साँस ऊपर, नीचे का नीचे रह जाता है।
इक तुम, इक मैं और नशा तेरे नाम का।
जिससे आलम मदहोश हुआ जाता है।

कोई बात तो किया करो।
इंतज़ार में समा बहा जाता है।
ऐ पल सम्भल! मैं निहार लूँ।
और जाते पल संवार लूँ।
फिर हो बौछार तेरे नाम की।
मैं नहाती रहूँ गुनगुनाती रहूँ
दुनिया बदल गई मेरी दुनिया बदल गई।

यह वहशत

जहां में आ के तो देख, यहाँ क्या क्या होता है।
यह वहशत कब रूकेगी, दिल बार बार रोता है।
पशु और इन्सान, इक मौत मरते देखे हैं।
कहीं गोलियाँ, कहीं बम।
कहीं जहाज़ उलटते देखे हैं।
कुत्ते से भी बदतर इन्सान तड़पते देखे हैं।
यह धर्म का झगड़ा, महज़ इक बहाना है।
कुछ खुदगर्ज़ लोगों का इक आखिरी निशाना है।
लहू से प्यास बुझे और लाशों से पेट भरे।
असले के बलबूते पे, दुनिया का सत्यानाश करें।
लड़ाई तो वो है, जो बाजुओं के बल पे हो।
अब तो कुछ कायर असले की शान पे लड़ते देखे हैं।
कहाँ गए ईसा, बुद्ध और गाँधी ?
अब तो पग पग पर गद्दार पनपते देखे हैं।
यह तो महज़ कुर्सियों का किस्सा है।
कुछ खुदगर्ज़ लीडरों की खुदगर्ज़ी का हिस्सा है।

उठ और जाग

उठ गाफिला क्यूँ नींद प्यारी है।
हर जाता पल तेरी मौत की तैयारी है।

हर साँस उसी पे लगा दे।
और उसके गुणों को सरेआम गा ले।

अब सोएगा, तो सोता ही रहेगा।
यह क्या हो गया, फिर बाद में कहेगा।

यह मस्ती और ठहाके तेरे काम ना आएंगे।
रोते रोते आए और रोते ही जाएंगे।

बस मस्ती का आलम हो, और गुनगुनाते जाओ।
जिस नूर से जुदा थे, उसमें समाते जाओ।

नहीं तो खाट पड़ा पछताएगा।
फिर गया वक्त हाथ नहीं आएगा।

शिव पुरी

कल तुम्हारे घर गए हैरानगी हुई।
क्योंकि कोई मर गया था।

लोग चिल्ला रहे थे तुम मूर्ति में मुस्कुरा रहे थे।
तुम्हें क्या फर्क:

वहाँ तो खाक खाक में मिल जाती है।
ज्योति ज्योति में समा जाती है।

तुम जानते हो जो बना है वो मिटेगा भी
जो उगा है वो कटेगा भी।

फिर हम रोते क्यूँ हैं, माया की भूल भुलईयों में खोते क्यूँ हैं।
यह माया हमें रूलाती है, और चक्कर में फँसाती है।

तब ही तो तू मुस्कुराता है,
किसी की मौत पे तेरा क्या जाता है।

दुनिया दुःखों का घर है

यह दुनिया क्या है?
नासूरों से भरा जिस्म है।
कोई ऊपर से दुःखी है, कोई अन्दर से।
कोई पैसे से दुःखी है कोई कड़की से।
कहीं बेटी का गम कहीं बेटे का।
हम खुद ही दुःखी होते हैं।
माया की भूल भुलईया में।
इस कदर खोते क्यूँ हैं।
नानक ने ठीक ही कहा।
नानक दुखिया सब संसार।
सो सुखिया जो नाम अधार।
पर हम खो रहे हैं।
बेखबर सो रहें हैं।
उसकी लाठी में आवाज़ नहीं।
सिर्फ चोट ही पड़ती है।
अब भी जाग लो।
पर इन्सान जो ठहरे !
ठोकरें ही राह दिखाएंगी।
वही पथ रोशन करके जाएंगी।

तेरा रूहानी नूर

इक ठंडी शीतल फ़ोहार की तड़प थी।
जो तेरे नाम और नूर से बरसती है।

जाने कहाँ खो रही थी, बेखबर सो रही थी।
लगता था मेरा रोम रोम तरस रहा था।

ज़हन में इक हूक सी उठती थी।
कौन हूँ, कहाँ से आई हूँ, कहाँ पे जाना है।

शीत की इक रात में इक करिश्मा हुआ।
इक मसीहा मिला।

यह कैसी मस्त फ़ोहार पड़ी?
समाधी का आलम और एक नशा ही नशा।

तू था, मैं थी और सुरूर तेरे नाम का।
मैं दीवानी हुई गुनगुनाती रही।
दुनिया बदल गई। मेरी दुनिया बदल गई।

हम सब एक हों

कहते हैं जिस्म अनेक हैं, पर आत्मा एक है।
कुछ कहते हैं पैसा क्यूँ खर्चें, कुछ कहाँ पे खर्चें, कुछ कहाँ से खर्चें
किसी को दुःखी देखती हूँ तो लगता है मैं ही दुःखी हूँ
कोई रोता है तो अन्दर से मैं भी रोती हूँ
जब आत्मा एक है तो हम क्यों एक नहीं
फिर क्यूँ ना धरती का बिस्तर, सितारों की औढ़नी
आबे हैयात से नहाएँ, झूमें नाचे गाएँ, मंजीरा बजाए
पर मेरे चाहने से क्या होगा
वही तो होगा जो मंजूरे खुदा होगा।

बहारें कौन लाता है

जब पीले पत्तों को झड़ते देखती हूँ,
तो हैरान सी हो जाती हूँ।
कौन है जो पीले पत्तों पे बहारें लाता है।
हम भी पीले पत्तों की तरह झड़ते हैं।
और बहार बन के आते हैं पुराने संस्कारों को लिये।
तेरा जाना मौत कहलाता है।
और आना ज़िन्दगानी बन जाता है।
तू निकल जाए तो जहांआरा भी लाश कहलाती है।
वह हस्ती तो खुदाई कहलाती है।
तू अजर है, अमर है, ना गले, ना सूखे
हम ही फ़ना होकर वीरानों में सो जाते हैं।
फिर बहार बनके दोबारा चले आते हैं।
किस को रोता है, ना कोई तेरा था, ना है, ना रहेगा।
बस वह मेरा था दिल बाद में कहेगा।
उलझ मत यूँ बहारों से, बहारों का भरोसा क्या,
किनारे टूट जाते हैं, किनारों का भरोसा क्या।

किस के लिए लड़ता है

आत्मा शरीर को ओढ़े हुए है।
ओढ़नी बदलती है आत्मा नहीं।
कभी राम कहलाती है तो कभी रहीम।
फिर यह मन्दिरों मस्जिदों का झगड़ा क्यूँ।
किसको लिये कत्लो गारत करता है।
किसके लिये मारता और मरता है।
तेरे मकां किसने बनाए हैं।
तेरे आशीयाने किसने सजाए हैं।
हिन्दु में वो मुस्लमान में वो।
गीता में वो और कुरान में वो।
आज हिन्दू के मरेगा कल मूसा के जनेगा।
इबादत भी एक और बन्दगी भी एक।
फिर क्यूँ मारता और मरता है।
सब तेरे अपने हैं, किसी घर के सपने हैं।
जब हम बना नहीं सकते तो मिटाएँ क्यूँ।
किसी को हँसा नहीं सकते ते रूलाएँ क्यूँ।
बस मस्ती के गाने गाता जा हर दिल में दीप जलाता जा।

दोहे

हाड़ माँस का पुतला, जल कर होगा राख ।
रूह की है ये ओढ़नी, रूह धो धो कर ले साफ ।

ओढ़नी धो कर क्या मिले, अन्दर से मरि बास ।
रूह अगर तू धो सके, तो प्रभु पाएगा पास ।

आग जलाए तन को है, पाप जलाए मन ।
मन की अगन बुझाएगा, तो पाएगा परमानन्द ।

प्रभु ढूँढने के लिये, कहाँ चले मेरे मीत ।
मन के अन्दर झांक ले, जहाँ बजते अन्हद गीत ।

असली धन को भूल गया । झूठा धन भरमाए ।
असली धन को लूट ले, जो चक्कर से छुड़वाए ।

नंगा ही तू आया था, नंगा ही चला जाए ।
झूठे मोह में फंस गया, क्यूँ हीरा जन्म गँवाए ।

शिव तुम क्या हो

शिव तुम क्या हो?
श और व की सन्धी हो।
श से शन्ति रस,
और व से वीर रस टपकता है।

तुम्हारा रूप शान्ति का भण्डार, और हर हर महादेव से जोश और वीर रस टपकता है।

ताण्डव से प्रलय मचा सकते हो,
और ओऽम नमः शिवाए से, समाधी लगा सकते हो।

बस शान्ति ही शान्ति हो।
मैं तो दोनों रूपों की दीवानी।

वीर रस के बिना जोश नहीं।
शान्ति रस के बिना होश नहीं।
सो पूर्ण शिव ही पूर्ण हो।

वहशत क्यूं

जहां में आ के तो देख, यहां क्या क्या होता है ।
यह वहशत कब रूकेगी, दिल बार बार रोता है ।

पशु और इन्सां इक मौत मरते देखे हैं ।
कहीं गोलियां, कहीं बम, कहीं जहाज़ उलटते देखे हैं ।

धर्म का झगड़ा तो महज़ इक बहाना है ।
कुछ खुदगर्ज़ लोगों का इक आखिरी निशाना है ।

लहू से प्यास बुझायें और लाशों से पेट भरें ।
युद्ध तो वो है जो बाजुओं के बल पर हो ।

पर वह शूरवीरों में होता है कायरों में नहीं ।
अब अर्जुन और भीम क्यों ?

अब तो कुछ कायर, पैसे के नाम पे लड़ते देखे हैं ।
यह धर्म का नहीं कुर्सियों का किस्सा है ।
कुछ खुदगर्ज़ लीडरों की लीडरशिप का हिस्सा है ।

दुनिया बदल गई

बस डूब जा,   और   डूबता जा   ।
जितना   डूबेगा,   उतना   निखरेगा   ।

जितना   उभरेगा   उतना   ही   बिखरेगा   ।
इक   रूहानी   सफर   बस   नशा   ही   नशा   ।

बस पीएगा तो बढ़ेगा दिल बार बार कहेगा ।
मैं कहाँ खो रही थी, बेखबर सो रही थी ।

लगता है   अब   ही   बहारें   देखी   हैं   ।
पहले तो इक वीराना था, इक टूटा आशियाना था ।

बस   मेहर   की   नज़र   कर   दो   ।
रोशन   मेरा   सफर   कर   दो   ।

बस   बूँदें   पड़ें   आबे   हैयात   की   ।
मैं   नहाती   रहूँ,   गुनगुनाती   रहूँ   ।
दुनिया   बदल   गई, मेरी   दुनिया   बदल   गई   ।

45

खुदा से डर

इक ठेस लगी, कुछ टूट गया ।
कोई लुटा जा रहा था इक शोर मचा ।
अब कहाँ जा रहा है, ओ ज़मी के खुदा ।
कहा करता था ।

जिसे चाहूँ मैं बना दूँ, इक पल में मैं मिटा दूँ ।
दौलत का इक नशा ही बस तेरी मस्ती थी ।

जो पल में सब मिटा दे वो ही तो हस्ती थी ।
तू तो काँच का टुकड़ा है जाने कब बिखर जाए ।
तेरे अपने हाथ क्या है, क्यूँ इतना है इतराए ।

वो हँस रहा होगा और कह रहा होगा,
मैं ही तुम्हें बनाऊँ, जब चाहूँ मैं ही मिटाऊँ ।

इक ठेस लगी, सब टूट गया ।
पानी का बुलबुला था पानी में जा मिला।
ना खुदा ही मिला ना विसाले सनम
ना इधर के रहे ना उधर के रहे ।

माँ का सपना

जब माँ बेटा जन्ती है, तो इक सपना संजोती है ।
यह फूल पेड़ बनेगा, इसके साए में सुस्ताऊँगी ।
मस्ती का गाना गाऊँगी ।

पर जानती नहीं प्यार छोटों में जाता है बड़ों में नहीं ।
खुशबू फूलों से आती है, जड़ों से नहीं ।

जवानी दीवानी होती है फिर माँ नहीं बीवी रानी होती है ।
२५ बरस का नाता, पल में टूट जाता है ।

२५ पल की नारी संग, ममता भूल जाता है ।
बच्चे और बीवी, बस परिवार होता है ।
माँ और बाबा का नाता तब बेकार होता है ।

फिर याद आता है मकां तो क्या, दिल भी पत्थरों के हो गए,
पराए तो क्या, पेट जाए भी कहीं खो गए ।

जो उस पल सम्भल जाते हैं वो फिसलते नहीं ।
माँ और बाबा दोबारा कभी मिलते नहीं ।

रूहानी नूर

जब तेरा नूर ज़र्रे ज़र्रे से बरसता है ।
फिर दिल किसको मिलने को तरसता है ।
नस नस में तू है, बरसते रस में तू है ।
थिरकते पाँव में तू है, धूप और छाओं में तू है ।

हम सब ही खो रहे हैं, बिन बात रो रहे हैं ।
कोई काम का दीवाना, कोई नाम का दीवाना,
कोई माया का दीवाना, हर लम्हा हो रहा है ।
यह माया ना सताए, बिन बात न रूलाए।

जिस बशर में भी देखूं, बस तू ही नज़र आए ।
ना सुख मुझे हँसाए, ना दुःख मुझे रूलाए ।
बस मेहर की इक नज़र कर दो, दिल अपने प्यार से भर दो ।

मैं दीवानी सी हो जाऊँ, तेरा नाम गुनगुनाऊँ ।
जिस वशर को भी देखूँ, दीदारे यार पाऊँ ।
तू कहीं गया कहाँ था जो मिलता नहीं ।
बस जब चाहो गर्दन झुकाओ देख लो ।

खाक का हूँ ज़र्रा

इक खाक का हूँ ज़र्रा
और क्या है मेरी हस्ती।
इक मेहरबानी कर के
मुझ को ज़रा जगा दे।
इक गुमशुदा बशर को
सही रास्ता दिखा दे।
हर ज़र्रे में तुम्ही हो
कुल कायनात तुम्ही हो।
आगाज़ भी तुम्ही हो
अन्ज़ाम भी तुम्ही हो।
ना कोई हो बेगाना
दिल कितना हो दीवाना।
जो मेरे दिल को तोड़े
उसको भी तुम हँसाना।
हर दिल की तुम हो धड़कन
हर दिल से रस बहाना।
बस थिरकती रहूँ गुनगुनाती रहूँ
हर दुःख में मुस्कुराती रहूँ।
और तेरे गीत गाती रहूँ।

मिलन

जब जल धरती की गर्मी से भरा आकाश छूने को निकलता है
तब जाकर पानी बरसता है।
जब दोनों एक हों, पहाड़ों की ओर चलते हैं।
उनको सनम की तरह बुलाते हैं और एक हो जाते हैं।
तब जाकर बादल बरसता है।
हर बेजान और सूखा पौधा पानी मिलने से खिल जाता है
यही मंज़र तो खुदाई कहलाता है।
उधर कल कल करते झरने, नदियों से मिल कर चलते हैं।
और हर और फूल ही फूल खिलते हैं, उसी में खुदा नज़र आता है।
फिर सारा थका हारा जल प्रियतम समुद्र की ओर चलता है।
और शान्त होकर अपने प्रियतम को मिल जाता है।
यह पानी का नहीं मेरा किस्सा है।
और मेरी तड़प का हिस्सा है।
ऐसे ही मैं जन्मों से चली उस नूर में समाना चाहती हूँ।
नदी का पानी बन सागर में खो जाना चाहती हूँ।
तू ही राह दिखाएगा और पिया मिलन करवाएगा।
फिर तू होगा मैं हूँगी, तो झूमेंगे, नाचेंगे, गाएंगे।
इस दुनिया को भूल जाएंगे। दोनों एक हो जाएंगे।
फिर दुनिया देखती रहेगी, हम मिलन के नगमें गायेंगे।

सुकून की तलाश

इक छोटे से आंगन में छोटा सा घर हो।
छत पर इक छत और उस पे इक चौबारा हो।
उसमें इक खिड़की हो, जो चढ़ते को खुलती हो।
ना हिलती हो ना झूलती हो।
इक चढ़ते सूरज का नज़ारा रहे।
गीत गाता हुआ, इक बंजारा फिरे।
अल्ला हू! अल्ला हू! जिधर देखता हूँ।
उधर तू ही तू।
दूर कुएँ पे, रहट की इक कलश हो।
जो कभी ना देखा हो वही पल हो।
हम कहाँ खो रहे हैं, बेखबर सो रहे हैं।
बस रोटी कपड़ा और मकान।
ना तेरी पूजा ना तेरा नाम।
तू ही ज़िन्दगी, तू ही ज़िन्दगी था।
ना जाने कब हुए थे तुझ से जुदा।
इक प्यार की फौहार से नहला दो।
और सोए भाग्य जगा दो।
बस दीवाने शोरोगुल से दूर कर दो।
मेरा दामन इबादत और बन्दगी से भर दो।
फिर गाती फिरूँ गुनगुनाती फिरूँ।
दुनिया बदल गई मेरी दुनिया बदल गई।

सरहदें क्या हैं

यह सरहदें क्या हैं, इक कदम तो बढ़ा के देख।
उधर भी दिल धड़कते हैं प्यार की लौ जला के देख।
इक कदम का फासला है, गुलिस्तां फिर खिला के देख
बिछड़े हुए दिलों को, फिर से मिला देगा।
किसी की कट्टर पंथी से
कईयों के घर उजड़ते हैं।
दिल चीर के तो देख।
हज़ारों गुल ही खिलते हैं।
कोई जहाँ आबाद करता है।
कोई जहहाद करता है।
जहहाद तो वह मरहम है जो ज़ख्मों को सुखाता है।
न कि कत्लेआम करके, लहू की बाढ़ लाता है।
लहू लहू है, दुश्मन का हो या यारों का।
या मज़हब के ठेकेदारों का।
प्यार करके देखो पराए भी अपने हो जाते हैं।
नफरत से तो अपने भी बेगाने हो जाते हैं।
जहां में तो आ के देख, यहाँ क्या क्या होता है।
यह वहशत कब रूकेगी! दिल बार बार रोता है।
यह मस्तिष्क जो है बस्तियाँ आबाद करते हैं।
और जुनून ही तबाह बर्बाद करते हैं।

सोना चाहती हूँ

मैं सोना चाहती हूँ।
नींद में खोना चाहती हूँ।
इक सकून भरी नींद की तड़प है।
बस तू, मैं और नशा तेरे नाम का
दोनों थिरकते रहें गुनगुनाते रहें।
मस्ती का गाना गातें रहें।
शोरो गुल से दूर मुस्कुराते रहें।
तू सब में है और मुझ में है।
फिर कहाँ भागती रही, रातों जागती रही।
कभी मन्दिर में, कभी गुरू घर में, कभी इबादत खानों में।
बस अन्दर डुबकी लगी तो देखा।
तू गया कहां था जो मिला ना था।
फूल बोया कहाँ था जो मिला ना था।
अब दीवानगी का आलम सर चढ़ के बोलता है।
तू ही झलक दिखा, पर्दों को खोलता है।
बस पूरा मेरा सफर कर दो।
दामन इबादत बन्दगी से भर दो।
फिर सच हो जाए बुल्लेशाह की कही।
रब दा की पाना।
ऐधरों पटना ऐधरों लाना।
फिर लोग कहें।
राँझा राँझा कर दी नींदों राँझा होई।

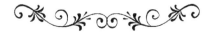

लहू सफेद हो गया

कहते हैं, लहू सर चढ़ के बोलता है।
लगता है, अब पैरों से नीचे उतर गया है।
रगों में लहू की जगह पैसा बहने लगा है।
अपनों को छोड़, परायों को अपना कहने लगा है।
भाई भाई को मार रहा है, कैसा कहर ढा रहा है।
पराओं पर से लुटा कर, अपनों को खा रहा है।
माँ माँ नहीं, बहन बहन नहीं। क्या ज़माना आ गया है।
पैसों के लिये भाईयों के खून बह रहे हैं।
बहनों पे केस चल रहे हैं।
कहाँ गए वो रिश्ते नाते जो कुर्बान हो जाते थे।
दुःख में काम आते थे।
माता और बाबा बुढ़ापे में तन्हा रह रहे हैं।
पेट के जाए हुए, बीवीयों के हुक्म पे चल रहे हैं।
जानते नहीं, उनकी संतान वही सीखेगी जो देखेगी।
कुएँ की आवाज़ है मुड़ कर वापिस आती है।
अपने कल से डरो। वही तो काटोगे जो बोया है।
फिर समझोगे क्या पाया है और क्या खोया है।
ऊपर वाले से डरो, उसकी लाठी में आवाज़ नहीं,
सिर्फ चोट ही पड़ती है।

माँ कैसी होती है

माँ कैसी होती है! हमारी जां होती है।
हमें सूखे पे सुला, खुद गीले पे सोती है।
ना रात को सो पाती, और ना दिन को सोती है।
हाय! माँ ऐसी होती है।

जब हमें रुनक झुनक चलते देखे बलिहारी होती है।
जब हम जवान होते हैं तो तब यह बूढ़ी होती है।
हाय! माँ ऐसी होती है।

सारे सुख हम पे लुटा, खुद फिर चैन में सोती है।
वह खुद ही जानती है क्या पाती क्या खोती है।
हाय! माँ ऐसी होती है।

हमारे गुनाह माफ करके, फिर भी हँसती होती है।
ये माँ ऐसी होती है! ये माँ ऐसी होती है!
उसकी मेहरबानियाँ, सदा हम पे बरसती हैं।
जिन के माँ नहीं होती, वह औलाद हमेशा तरसती है।
ये माँ ऐसी होती है!

उसका कर्ज़ हम कैसे उतार सकते हैं।
उसकी सेवा से ही खुद को उभार सकते हैं।
जितनी बने सेवा उसकी कर दो
उस का दामन खुशियों से भर दो,
माँ माँ ही होती है।
हमारी जां ही होती है।

सितारों से आगे

सितारों से आगे, जहां और भी है।
वो कैसा होगा?
जो कभी ना देखा हो, वो ऐसा होगा।
ना गारा, ना चूना, ना रेत के मकां होंगे।
ना दुःख, ना सुख, गीत गाते हुए इन्सां होंगे।
इक फूल की बगिया खिलखिलाती होगी।
हर कली हर समय गुनगुनाती होगी।
इक शाख पे कोयलें कुहकुहाती होंगी।
दूर तक खुशी ही खुशी नज़र आती होगी।
वहाँ सुख की नींद से, सुख में जागते होंगे।
कल कल करते हुए झरने, दूर तक भागते होंगे।
जी चाहता है, वहां चली जाऊँ।
इस शोरो गुल से दूर
इकआशीयां बनाऊँ।
बस झूमेंगे, नाचेंगे, गाएँगे।
इक नया जहां बसायेंगे।
यह जहां भाता नहीं, रास अब आता नहीं।
यहाँ सुख में सोकर दुःख में जागो।
दुःख में सोकर सुख में जागो।
हम कहाँ खो रहे हैं, बेखबर सो रहे हैं।
दुनिया की भूल भुलईया में
दीवाने हो रहे हैं।

किसके सहारे जहां चल रहा है

ये किसके सहारे जहां चल रहा है।
जमीं चल रही, आसमां चल रहा है।
हम यहाँ, बेखबर सोते हैं।
वो जागता रहता है।
सबका काम काज करता।
किसी को कुछ ना कहता है।
फिर भी हम कहते हैं कि मैंने सब किया।
पर जानते नहीं सब उसी का है किया।
वो मेहरबान है, कितना महान है।
अब समझ में आया।
जिधर देखता हूँ उधर तू ही तू है,
झरनों में, पहाड़ों में, पतझड़ में, बहारों में।
फिर क्यों कोई अमीर, कोई फकीर होता है।
कोई खो रहा जहां में, कोई तेरे करीब होता है।
कर्म से सब करवाते हैं, हम सोयों को जगाते हैं।
वरना, बन्दा, बन्दे को खा ले, अपना ही सब बना ले।
तेरी लाठी, बेआवाज़ होती है, सब हिसाब रखती है।
जो दाता है उस को जानता नहीं।
गाता जा राधे, राधे, वो ही राह दिखाएगा।
वरना रोता आया था, रोता चला जाएगा।

मेरी आवाज़ सुनो

मुझे क्यों, गरत में मिलाते हो
और ज़िन्दा को दफनाते हो।
मेरी आवाज़, सुनो।
मैं बहन बनती हूँ, बेटी बनती हूँ और तुझे जनती हूँ।
मेरी आवाज़ सुनो।
मेरे बिन हर आँगन सूना रहेगा।
न कोई घर, घर रहेगा।
न तुझे कोई भाई कहेगा।
इक लड़की के पीछे १० लड़के भागेंगे।
कोई बहु को तरसेगा
कोई राखी को तरसेगा।
मैं तुम्हारा क्या लेती हूँ!
तुझे कुछ देती ही देती हूँ।
कहते हैं, हर कामयाब आदमी के पीछे औरत होती है।
फिर क्यूँ वह ज़िन्दा दफन होई साँस को रोती है।
कुछ रहम करो, मुझ को रोको नहीं।
फिर याद करोगे, मैंने क्या है कही।
बेटा तो शादी तक बेटा होता है।
बेटी जन्म से माँ होती है।
मरते दम तक माँ ही होती है।
जितना बने प्यार, कर लो वही हम को जनेगी।
हर जन्म में थी माँ और आगे भी बनेगी।

जिधर देखूँ उधर ही तू

यह किसके सहारे, जहां चल रहा है।
जमीं चल रही, आसमां चल रहा है।
तू तो सब समझता है, तू है खुदा
जिसे चाहे तू बना दे, और पल में सब मिटा दे।
यह भूल बैठा था।
वो ही कंगाल को, माला माल कर दे।
और भूखे पेट को पल में भर दे।
फकीरों को शनहशाह कर दे।
शहनशाहों को तबाह कर दे।
वह नहीं भूलता, सुबह करनी है, शाम करनी है।
सूखी हुई नदियाँ फिर पानी से भरनी हैं।
उसे कहाँ खोजता है।
उसकी मेहरबानियों को देख।
कहीं गुलिस्ताँ खिलते हैं।
कहीं दो पहर मिलते हैं।
पहाड़ों में, गुफाओं में।
पतझड़ में फिज़ाओं में, वो ही तो दिखता है।
हम ही फना होकर, फिर वापिस आते हैं।
वो कहीं जाता नहीं। मुड़ के आता नहीं।
वो हमेशा था, है और रहेगा
वो मेहरबान है दिल बार बार कहेगा।
बस गाता जा तू ही तू, तू ही तू, तू ही तू।
जिधर देखता हूँ, उधर तू ही तू।

ईश्वर अनुभूती है

ईश्वर एक अनुभूती है, किसी ने देखा नहीं।
इन आँखों से ना देखा है, ना देखोगे।
सिर्फ आत्मा की आँखें देख सकती हैं।
कोशिश करके देखो ज़रूर दिखेगा।
कहीं गया नहीं है, जो डगर डगर ढूँढते फिरते हो।
कभी मन्दिरों में, कभी गुरूद्वारों में कभी इबादत खाने में।
मीरा ने ठीक ही कहा था।
घूँघट के पट खोल रे, तोहे पिया मिलेंगे।
हम भागते रहते हैं, पहरों जागते रहते हैं।
वह तो सर्व व्यापक है, एक आनन्द है, एक मुकन्द है।
कुल कायनात वो है, दिन और रात वो है।
कुल वनस्पति वो है, पहाड़ों में गुफाओं में।
हँसती खिलती झूमती फिज़ाओं में।
रात का चाँद भी वो है, सुबह का नूर भी वो है।
जो सबको राह दिखाता है, ना कहीं जाता ना आता है।
वह तो अनहद नाद है, जो बिन बजाए बजता है।
वह ही उसको सुन पाता, जो अन्दर अन्दर भजता है।
प्रेमी तो एकान्त में मिलते हैं शोर में नहीं।
प्रेमी प्यार से मिलते हैं, जोर से नहीं
बस उसकी गोद में समा जा, जहाँ मस्ती ही मस्ती है।
जो पंगु को भी नचाये. वो ही वो. एक हस्ती है।

लहू एक है शरीर अनेक

लहू का रंग एक है, गरीब क्या, अमीर क्या।
बने हैं एक खून से तो दूर क्या करीब क्या।
लहू हमें बनाता भी है और चलाता भी है।
जिसे कोई मौला कोई भोला कोई ईसा पुकारता है।
नहीं जानता, उसे किस का खून चला रहा है।
हिन्दू का यूनानी का या ईसाई मुस्लमान का।
लहू लहू है जो सर चढ़ के बोलता है।
फिर क्यूँ कौमें कौमों से नफ़रत करती हैं।
बिन बात के मारती और मरती हैं।
अन्दर की सुन जहाँ रूहानी नूर रहता है।
हर इक से प्यार कर वो धीरे धीरे कहता है।
यह जहहाद इक बहाना है।
कुछ खुदगर्ज़ लोगों का इक आखिरी निशाना है।
तू खुदा से तो प्यार करता है।
उसके बन्दों को क्यूँ मारता और मरता है।
यह जहहाद एक जुनून है, सोच नहीं कहते हैं।
मस्तिष्क है जो बस्तियाँ आबाद करता है।
जुनून है जो तबाहो बर्बाद करता है।
जुनून ही है तो दुनिया का भला कर।
सब तेरे हैं तू सबसे प्यार कर।
दीवानापन वो है जो सबका भला करे।
मरना ही है तो इन्सानियत पे मरे।
दीवानापन है तो दुनिया का भला कर।
मरना ही चाहता है तो इन्सानियत पे मर।

61

दुःख सुख मन में हैं

जहन्नुम और ज़न्नत, सब हमारे अन्दर है।
जब दिल खुश है, तो हर नज़ारा ज़न्नत नज़र आता है।
दिल टूटा हुआ है तो गुलिस्तां भी वीराना नज़र आता है।
वीरानों को रोशन कर दो,
टूटे दिलों में खुशियाँ भर दो।
दिल टूटते हैं तो उदास नगमें निकलते हैं।
खुश हैं तो खुशियों के झरने बहते हैं।
खुशी ही बहार है, और मन का खुमार है।
खुश रहो और दुसरों को भी रहने दो।
सूने पड़े दिलों में खुशियों के फूल ही खिलने दो।
किसी को हँसा नहीं सकते, तो रुलाएं भी क्यूँ।
जब सुख दे नहीं सकते, तो सताएं भी क्यूँ।
प्यार इक करिश्मा है, जो रोतों को हँस देगा।
सूखे हुए पेड़ों पे फिर से बहारें ला देगा।
रोगों का इलाज दवाई से ज़्यादा प्यार कर सकता है।
बे आस लोगों में फिर नई आस भर सकता है।
किसी को डाँट की जगह प्यार से बुला के देखो।
वह दीवाना हो जाएगा, अपना सब लुटा देगा।
खुशियाँ बाँटता जा, वीराने भी आबाद हो जाएंगे।
जो सब लुटा चुके, वह फिर से मुस्कुराएंगे।
इस जहां को बहिष्त बना दो, बस फूल ही फूल खिला दो।
तेरा क्या जाएगा, तेरी मुस्कुराहट से वीराना गुलिस्तां बन जाएगा।

जो लोग मुझे याद करें

यूँ तो दुनिया से सब ही चले जाते हैं।
कुछ मर कर भी जीते हैं।
कुछ जीते जी मर जाते हैं।
अरे कुछ तो कर जा, जो लोग तुझे याद करें
अरे जीते तो वो हैं जो प्यार ही प्यार बरसाते हैं।
हँसते हँसते आते हैं और हँसते ही चले जाते हैं।
उनका क्या जीना, तो बस अपना पेट ही भरते हैं।

कुछ ऐसे शख्स जीते भी हैं, जो इक रोटी खातिर मरते हैं।
कुछ कहते हैं कहाँ से खर्चें, और कुछ कहाँ पे खर्चें।
इक मसीहा बन जा
दुःखियों के घोर अन्धेरे में
इक आस का दीप जला।

जिधर से गुज़रे, वीराने आबाद हो जाएँ
जो कभी ना हँसें हों, खुशियों के गाने गाएँ
जो फिर मर के भी ज़िन्दा रहेगा
वाह क्या शख्स था हर आदमी कहेगा
फिर तू तो हँसता जहां से जाएगा
अरे, ज़माना पीछे रोता चला आएगा।

प्यार शक्ति है

हम प्यार से, दिलों को जीत सकते हैं।
रोते हुए चेहरे भी इक पल में खिल सकते हैं।
हम क्यूं खोते हैं प्यार की घड़ियाँ।
कभी कभी झगड़ने में कभी मारने में।
कभी गड़े मुर्दे उखाड़ने में।
प्यार से ही दुनिया बनती है।
और जननी हमको जनती है।
कितना अच्छा लगे
जब धरती का बिस्तर हो।
सितारों की ओढ़नी हो।
हम मज़हब धर्म को भूल कर।
झूमें नाचें गाएँ, इक नया जहां बसाएँ।
नफ़रत कड़वा बोलने और कड़वा सोचने से पनपती है।
बस मीठा रस टपकाता जा, खुशियों के गाने गाता जा।
फिर थिरकेंगे पाँव, और गुनगुनाएगा गला।
जो करता रहे बुरा, उसका भी हो भला।
प्यार करके तो देख कैसे पराए अपने होते हैं।
सारे गिले भुला। फिर तेरे प्यार में रोते हैं।

लहू का रंग एक है

लहू का रंग एक है गरीब क्या, अमीर क्या?
बने हैं एक खून खाक से, तो दूर क्या करीब क्या?
लहू हमें बनाता है और पाओं पे चलाता है।
जैसे मूसा को कोई ईसा कोई मौला पुकारता है।
तू नहीं जानता तू किसके बल पे चलता है।
हिन्दु का हो यूनानी का या याहूदी मुसलमान का।
लहू तो लहू है सबका मिला के देख।
फिर क्यूँ कौमें कौमों का बहाती हैं।
किस लिये मरती और मारती हैं।
अन्दर झाँक के देख जहाँ मालिक रहता है।
हर इक से प्यार कर, वो धीरे धीरे कहता है।
पर हम सुनते नहीं।
धर्म का झगड़ा एक ज़नून है।
मस्तिष्क है वो बस्तियाँ आबाद करते हैं।
और धर्मों के ज़नून तबाहो बर्बाद करते हैं।
दीवानापन ही है तो दुनिया का भला कर।
जहाद करना चाहता है इन्सानियत पे मर।
वरना रोता रोता आया था और रोता चला जाएगा।
फिर गया वक्त हाथ नहीं आएगा।

खुदा से डर

इक पंछी क्षितिज में, उड़ा जा रहा था।
जी चाहा मैं पंख लगे उड़ जाऊँ।
मुझे भी पर लगे, मैं भी उड़ने लगी।
नीचे दुनिया दिखी, गर्दन ऊँची हुई।
जिधर चाहूँ उडारी लगा लूँ।
कोई रोके नहीं, कोई टोके नहीं।
नीचे तो सदा दुःख ओर सुख ही छाया रहता है।
कहीं गरीबी, कहीं मुफलिसी, कहीं गमों का पहरा रहता है।
मैं तो गगन को छू रही थी।
जिसमें चांद मैं बना दूँ और पल में मैं मिटा दूँ।
दिल झूमा करता था।
यह उड़ान पैसे के सरूर की थी।
दौलत का नशा सर चढ़ के बोलता था।
किसी का डर नहीं, मानो दुनिया मेरी मुट्ठी में।
एक गिद्द आया, पंख काट दिये। गर्दन नाप करी।
मैं उडारी से गिरी। गिर के खाक हुई।

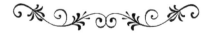

प्यार करिश्मा है

हम क्यूँ शिक्वे शिकायतों से ज़िन्दगी गुज़ार लेते हैं।
हँसते हुए लम्हों को पल में बिगाड़ लेते हैं।
जो पल भी जा रहा है, दोबारा आएगा नहीं मुड़ के।
जितना भी हो सके तू सब से प्यार कर ले।
हर जाते हुए लम्हे को मोहब्बत खुशी से भर ले।
फिर सब तरफ फूल ही फूल खिल जाएंगे।
खामोश आशीयाने फिर से महक जाएंगे।
प्यार में ही खुदा बसता है। तू आज़मा के देख।
दुश्मन भी गले लग जाएंगे। कदम को बढ़ा के देख।
नफ़रत हमारा भी चैन छीन लेती है।
बस देती है तो दुःख और दर्द ही देती है।
प्यार इक करिश्मा है, जो रोतों को हसा देता।
शिक्वे शिकायतों को, पल में भुला देता।
कहते हैं गले तुम्हारे मिल के सारे गिले जाते रहे।
जो कोसों दूर जा चुके, पल में करीब आ गए।
बस प्यार बाँटता जा यही तो खुदा है।
जो नफरतों से भरा है वह उससे जुदा है।

दिल से बुला

खुदा को दिल से पुकार, वो दौड़ा चला आएगा।
वो अपने भक्तों का है दीवाना, उसे भी तो चाहिये ठिकाना।
दुःख में पुकार दिल से निकलती है सीधी उसे पहुँचती है।
सुख में तो हम ऊपर ऊपर से गाते हैं और कान्हा को रि
झाते हैं।
मीरा कबीर नानक ने गाया, और वो दौड़ा चला आया।
तड़प तो दिल से उठती है, ओर लबों पे आती है।
ज़र्रे ज़र्रे में उस का ही दरस दिखाती है।
बस फिर रूनक झुनक घुँघरू बजते हैं।
वीराने दरों दीवार उसकी रोशनी से सजते हैं।
कहते हैं राँझा राँझा कर दी तां ओ आपे राँझा होई।
चैतन्य नाचे मीरा नाची वह कौन नचा रहा था।
अनहद वीणा की ताल वह अन्दर ही बजा रहा था।
बुल्ले ने ठीक ही कहा, जब चाहो गर्दन झुकाओ देख लो।

प्यारे पापा

लाल कागज़ की ऐनकपहन,
पापा के कन्धों से सारा जहां देखा था।
जब पग डगमगाते थे,
गिरता और पड़ता,
मैं छम छम नाचा करता था।
जब पापा गाना गाते थे,
और साथ में थाल बजाते थे,
तो मैं शोर मचाया करता था।
और झूमा गाया करता था।
अब मैं गबरू जवां होकर,
उन्हीं केसाए में हरदम,
बातें कई सीखा करता हूँ।
जब मैं घोड़ी पर बैठा,
वो देख देख इतराते थे।
चाहे गाना ना आता,
पर शगुन केगाने गाते थे।
अब वह बूढ़े हो गए हैं। और चश्में से दुनिया दिखती है।
फिर भी वो मेरा हाथ पकड़ हर शाम घूमने जाते हैं।
पापा, पापा होते हैं, जितनी बने सेवा कर लो।
उन के ही आर्शीवादों से, दामन खुशियों से भर लो।

जाने क्हाँ गए वो दिन

जाने क्हाँ गए वो दिन।
जब दादी रोटी पकाती थी, हम सारे मिलकर खाते थे।
जब दादा थककर आते थे तो मिलकर पोते पाँव दबाते थे।
जब सारे छत पे सोते थे तो चाचा गाना गाते थे।
और चाचा मुन्ना लड़ पड़ते तो ताऊ उन्हें मनाते थे।
हरे भरे खलिहानों में हम सारे घूमने जाते थे।
अब तो पैसे की दौड़ में सब रिश्ते नाते खो गए।
बस पैसा पैसा हो गया सब कुछ, इसमें ही खो गए।
बच्चों का प्यारा सा बचपन इस धूप दौड़ में खो गया।
अब मम्मी काम को जाती है और शाम ढले घर आती है।
दादी दादा भी खो गये, अपने पराए हो गए।
अब घर बना परदेश यह लगे दूसरा देश
बच्चों का बचपन आता नहीं
कोई लोरी से सुलाता नहीं।
सब थके हारे घर आते हैं।
बस खाना खा सो जाते हैं।
पैसे की भूल भुलईया में हम सारे भागे जाते हैं।

सरहदें

ये सरहदें क्या हैं, इक कदम तो बढ़ा के देख।
उधर भी दिल धड़कते हैं, प्यार की लौ जला के देख।
इक कदम का फासला है, गुलिस्तां फिर खिला देगा।
बिछुड़े हुए दिलों को, फिर से मिला देगा।
किसी की कट्टर पंथी से भाईयों के घर उजड़ते हैं।
दिल चीर के तो देख हज़ारों गुल ही खिलते हैं।
कोई जहां आबाद करता है, कोई जहहाद करता है।
खुदा को भूल बैठा है। तबाही बर्बादी करता है।
जहदाद तो वह मरहम है जो ज़ख्मों को सुखाता है।
ना कि कत्लेआम करके लहू की बाढ़ लाता है।
लहू तो लहू है अपनों का हो या गैरों का।
या मज़हब के ठेकेदारों का।
प्यार तो प्यार होता है जितना बाँटोगे बढ़ेगा।
सब अपने ही तो हैं, दिल बार बार कहेगा।
जहां में आ के तो देख, यहां क्या क्या होता है।
ये वहशत कब रुकेगी दिल बार बार रोता है।

बाबा तुम कमाल हो

इस्लाम के अल्लाह, ईसाईयों के ईसा,
और हिन्दुओं के श्यामा बन के आए हो।
तूने सब धर्मों की दीवारें तोड़ने के लिये
समाधि मन्दिर बनवाया है।
जो द्वारका माई पे आता है।
मुँह माँगी पूरी मुरादें पाता है।
तुम गरीबों के मसीहा हो।
तेरी शान पे सब कुर्बान हैं।
तेरा मस्ताना रूप ही,
हर मज़हब की पहचान है।
रूप तेरा समाधि का दाता है।
जो भी दर्शन पाता, मस्ती के गाने गाता है।
तुम माँगो चाहे ना माँगो, पूरी मुरादें पाता है।
फिर क्यूँ ना धरती का बिस्तर हो।
सितारों की ओढ़नी हो।
हम सब धर्म मिल जुल कर झूमें नाचे गाएं,
और बाबा को रिझाएं।

हँसना मना है

हँसो नहीं, अब हँसना मना है।
भागम भाग पड़ी हैं, सब भागे जाते हैं।
शाम ढले सब थके हारे काम से वापिस आते हैं।
थके हुए कदमों से जाकर वो राशन लेकर आते हैं।
बच्चों का बचपन खो गया
बस्तों का बोझा ढो ढो कर
मानो कुबड़ा बाबा हो गया।
बड़ों को भी अब काम से फुर्सत कहाँ।
कोई गाड़ियों से भागा जा रहा।
कोई बस्सों के धक्के खा रहा।
हँसे अब? हँसना मना है।
जब हम भी बच्चे होते थे,
सब मिलकर शोर मचाते थे।
पड़ते लिखते साथ साथ।
मस्ती के गाने गाते थे।
एक कमाया करता था।
कितनों को पाला करता था।
अब सारे मिल कमाते हैं।
फिर भी बस भागे जाते हैं
महंगाई ने कमर तोड़ दी।
ना हँसी रही ना मस्ती
चुप! अब हँसना मना है।

बस तू है! तू है! तू है!

इक दीवानगी का आलम है।
जो कभी ना देखा हो, वो ही पल है।
मैं कहां खो रही थी, बेखबर सो रही थी।
अब देखा तो लगा,
ये जहां के रंगीन नज़ारे, और आती जाती बहारें,
सब तेरा करम है।
बस तू है! तू है! तू है!
अन्दर झाँका तो लगा
तू गया कहाँ था जो मिला ना था।
फूल बोया कहाँ था, जो खिला ना था।
बस हम खो रहे हैं, बेखबर रो रहे हैं।
हर बशर में तू है, रंगों फिज़ा में तू है।
सब रंग और नूर, तेरा करम है।
बस इक नज़र का फासला है।
बाहर नहीं, अन्दर को झाँकना है।
तेरा आना ही ज़िन्दगानी है।
तेरा जाना मौत कहलाता है।
बस जिधर देखती हूँ, उधर तू ही तू है।
बस तू है, तू है, तू है!
रहम की इक नज़र कर दे।
झूमूँ नाचूँ गाऊँ, दीवानी सी हो जाऊँ।
फिर दुनिया मुझे ढूंढे मगर मेरा निशां कोई न हो।

माँ

बेटी हमारी जो होती है,

जन्म से ही माँ होती है।

ससुराल को भी अपनाती है,

माँ बाप का प्यार भी पाती है।

छोटे छोटे हाथों से जब गुड़िया का ब्याह रचाती है,

और तोतले गाने गाती है, उसे कौन सिखाता है?

वह खुद ही सीख केआती है।

क्यूँकि वह जन्म से माँ होती है।

पापा को प्यार है देती,

बदले में प्यार है लेती।

भाईयों का साथ है देती,

माँ का तो साया होती है।

वह जन्म से माँ होती है।

और सबकी जां होती है।

बेटी ना हो तो बहन कहाँ से आएगी।

जो सबका साथ निभाएगी।

जितना बने उसे प्यार कर लो।

और दामन खुशियों से भर दो

इक बिल्ला

इक बिल्ला भाग रहा था।
रातों को जाग रहा था।
बिल्ली संग हुई लड़ाई,
और खूब हुई पिटाई।
बिल्ली घर शादी थी,
उसने मैक्सी माँगी थी।
बिल्ले के चूहे नहीं बिके थे।
वो खाली जेब का मालिक,
क्या करता, क्या ना करता!
इक यार के घर को भागा,
और पूरी रात था जागा।
बिल्ली भी पीछे भागी,
और पूरी रात थी जागी।
आखिर में ढूँढ निकाला,
अपना बिल्ला काला।
वो पूरी रात पछताई,
और बन्द हुई लड़ाई।
अब हम भी लड़ना बन्द करें,
और नफरतों से जग लें।

ख़ामोश इबादत

मैं हूँ मज़बूर, मेरे हाथ बन्धे, होंठ सिले।
पत्ता पत्ता जहां का, वो हिलाए तो हिले।
मेरे मालिक से है एक तमन्ना मेरी
मुझ को कुछ होश ना हो, फिर भी मुझे आन मिले।
तेरे पास आके मैं दुनिया के सितम भूल गया।
यह भी है तेरा करम दिल में हैं शिक्वे ना गिले।
मैंने हर हाल में ख़ामोश इबादत की है,
मैंने मांगे हैं कहाँ अपनी वफ़ाओं के सिले।
एक दिन धूप जला देगी हर पत्ती को,
नसमझ बन के अगर फूल को खिलना है खिले।

मधुमन साईं का

मैं हूँ अपने हाल से बेखबर। अब मुझे किसी की खबर नहीं।
मेरे दिल में साईं ने घर किया। मेरा आज से कोई घर नहीं।
मुझे मुद्दतों से तलाश थी।
वो मिला मुझे मेरे पास ही।
मुझे क्यों किसी ने यह कह दिया
कि मेरी वफ़ा में असर नहीं।

वो ही मुश्किल, वो ही जलजले,
वो ही रंजो दर्द के सिलसिले।
मैं कहाँ कहाँ से गुज़र गया,
अब मुझे ज़रा सा भी डर नहीं।

यह है साईंनाथ का मधुमन,
यहाँ ले तो आई मुझे लगन।
यहाँ शान्ति की दुआ करो,
यहाँ मांगो लालो जोहर नहीं।

भूले बिसरे

कुछ भूले बिसरे, पुराने दिनों की याद आती है।
क्या सुहाना और पुराना समय था! एक साधारण जीवन!
शोरो गुल से दूर एक सुहानी दुनिया थी।
सड़कों से कोई कोई तांगा गुज़रता था।
लोकल बस्सें अभी चली नहीं थी।
सब कोई पैदल जाते, रिक्शा भी नहीं थी।
हम सब बच्चे सात आठ बरस की उमर के थे।
ना कोई फिक्र ना फाका, बस पढ़ने जाते।
शुरू में तो पहली में एक पेज को मोढ़ कर
हिन्दी का कायदा बन जाता। एक सलेट और सलेटी!
पाँचवी के बाद ईंगलिश शुरू होती।
पढ़के आते, दोपहर सोते फिर सब बच्चे मिल खूब हल्ला मचाते।
लड़कियाँ गुड़ियों का घर खेलती, लड़के गुल्ली डण्डा और बन्टे खेलते।
कोई शटापू खेलता। एक बेखबर प्यारा सा माहौल।
कोई लड़ भी पड़ता फिर मान जाते।
घरों में दादीयों, ताईयों, चाचीयों का माहौल।
सब मिल काम करतीं और बातचीत करतीं। भूआ भी होतीं।
रौनक लगी होती। कभी लड़ भी पड़तीं पर फिर मान जाती।
हम सब आज बी ए या एम ए किये हुए हैं।
लड़कियों को कम पड़ाया जाता था कि घर सम्भालना है।
पर लड़कियों को दम पड़ाया जाता था कैसे अपना घर संवारना है।

दिव्या

दिव्या तुम सदा मुस्कुराती रहो।
मस्ती क गाना गाती रहो।
हँसती और हँसाती रहो।

फूल तुझ से खिलना सीखें,
कलियाँ मुस्कुराना,
और भंवरे सीखें गाना।

रोते चेहरों को हसाँ देती हो,
बिछड़े हुओं को मिला देती हो।

तुम दादी की प्यारी हो और
जहां से न्यारी हो।

खुश रहो, आबाद रहो,
सदा मुस्कुराती रहो।
और मस्ती क गाना गाती रहो।

विश्वास की ज्योती

साईं शरण में आओगे तो समझोगे यह बात।
रात के पीछे दिन आवे है, दिन के पीछे रात।
कौन खिलावे फूल चमन में!
क्यूं मुरझावे फूल की पाती!
क्यूं चमके है बन में दीपक!
कौन बुझावे जलती बाती!
कौन बिछावे सुख का बिस्तर!
कौन औढ़ावे दुःख की चादर!
क्यूं होवे पत्थर की पूजा!
कौन मारे पत्थर को कंकर!
क्यों तूफान से निकले कश्ती!
क्यूं मंझधार में डूबे नइया!
क्यूं साहिल आने से पहले,
टूटे है तकदीर का पहिया!
कौन करे झोली को खाली!
कौन भरे है सीप में मोती!
क्यूं दिन रात जलाए रखे,
आँधी में विश्वास की ज्योती।
क्यूं रूक जावे चलती धड़कन!
कौन चलावे जीवन धारा!
कभी कभी छोटा सा तिनका,
बन जाता है एक सहारा।

दर्दे दवा

साईं अपनी दीवानी पे इकधरम कमा देना।
जिस दिन मैं तुम्हें भूलूँ, दुनिया से उठा लेना।
जैसी हूँ मगर साईं, चौखट पे पड़ी हूँ मैं।
कभी नज़र पड़े तेरी, कदमों से लगा लेना।

चाहत है मगर मेरी चाहत भी तो ऐसी है।
कुछ दिल में दर्द देना, कुछ दर्दे दवा देना।

सपनों में अगर मुझको अभिमान की बू आए।
तुझे कसम फकीरों की, मेरा कण्ठ दबा देना।

दासी हूँ मैं तेरी, मुझे दासी ही रहना है।
साईं अपने दीवानों में मेरा नाम लिखा देना।

जिस दिन मैं तुझे भूलूँ, दुनिया से उठा लेना।

तपस्या

एक वक्त आएगा ऐसा, सब धरा रह जाएगा।
देखता क्या है तू, इकदिन देखता रह जाएगा।

रब से गफ़लत छोड़ कबसे है अजब मस्ती में तू
आने वाली है क्यामत, बैठेजा कश्ती में तू।
साईं केबन्दों का इकदिन काफिला रह जाएगा।

वो है इक गहरा समुन्दर, तू है मिट्टी की लकीर।
तूने गर उसको ना पाया, वो अमीर और तू फकीर।
तेरे उसकेदरमियां, इकफासला रह जाएगा।

उसकेकदमों में लिपटजा, ज़िन्दगी मिल जाएगी।
रास्ते में है अन्धेरा, रौशनी मिल जाएगी।
अक्ल वाला चल पड़ेगा, सरफिरा रह जाएगा।

रात दिन की इस तपस्या को भी क्या समझेगा तू!
नसमझ बढ़ा कर अगर खुद को खुदा समझेगा तू,
ढूँढने निकला है जिसको ढूँढता रह जाएगा।

मेहरां वालया साईयां

मेहरां वालया साईयां रक्खीं चरणां दे कोल
चरणां दे कोल रक्खीं चरणां दे कोल।

मेरी फरियाद तेरे दर अग्गे, होर सुनांवां किन्नूं,
जे मेरे विच ऐब ना हुन्दे, तूं बखशदा किन्नूं।

ओखे वेले को नहीं, ना बाबुल, ना वीर, ना माँवां,
सबे धक्का देंदे, तेरी कोई ना पकड़े बाँहां।

अंगूठा हारे की वेनती, तुम सुनो गरीब निवाज़,
जे को पूत कपूत है, बौहड़ पिता को लाज।

फरियाद

भव सागर की लहरों ने भटकाई मेरी नइया,
तट छूना भी मुश्किल, नहीं दिखे कोई खवइया।
तू लहर का रूप पहन कर मेरी नाव किनारे लाया।
हर तरफ तुम्हीं हो, मेरे हर तरफ तेरा उजियारा।
निरलेप रमइया मेरे, मेरा हर रूप तुम्हीं ने धारा।
हूँ शरण तेरी में दाता, तेरा ही तुझे चढ़ाया।

बहू

बहू शब्द दो शब्दों की सन्धी है।
ब से बहुत और ह से हसीन ,
कोई मीठी, कोई नमकीन।
यह हमें दादी बताती हैं,
हर पल हँसती गाती हैं।
बेटे का साथ देती है,
सबसे प्यार लेती है।
गर अच्छी है तो बेटे से बड़के होती है।
गर रंग में भंग करदे तो कैकेईका रूप होती है।
वह आती है कुछ पुराने संस्कारों का खजाना लिये।
वही हमपे लुटाती है, प्यार की लौ जलाती है।
जितना बने प्यार करलो और दामन खुशियों से भर दो।
हमें सोचना होगा कभी हम भी तो बहू थी।
क्या सपने देखा करते थे।
वो ही वह देखा करती है।

उसका दामन खुशीयों से भर दें।
बस खुश रहे, मुस्कुराती रहे,
खुशीयों के गाने गाती रहे।

कर्मों का फल

उलझ मत यूँ बहारों में, बहारों का भरोसा क्या!
सहारे टूट जाते हैं, सहारों का भरोसा क्या!
तमन्नाएँ जो तेरी हैं, फव्वारे हैं ये सावन के,
फव्वारे सूख जाते हैं, फव्वारों का भरोसा क्या!
तू सम्भल नाम को लेकर साईं का
तुझे तेरे हाल से निकालेगा काम साईं का।
कर्मों का फल तो बन्दे, तुझे भोगना पड़ेगा।
लेकिन यह साईं शक्ति, दर्द कुछ कम करेगी।
कुछ अपने सर पे लेगी, कुछ तेरे सर रहेगा।
आया है तू जहाँ से, जाएगा तू वहीं पर।
पूछेगा आसमां तब, तूने क्या किया जमीं पर
तू अभी से सोच रखियो, उसे क्या जवाब देगा।
औरों को क्या दिया है, औरों से क्या लिया है।
शिक्वों के साथ तूने, कभी शुक्र भी अदा किया है।

जिस दिन हिसाब होगा, उस वक्त क्या कहेगा।

तन की सजावटों में जो मन को भूल बैठा,
समझो कि अपने साईं भगवन को भूल बैठा,
तेरा यह हाल है तो इसी हाल में रहेगा।

ध्यान

थोड़ा ध्यान लगा,
साईं दौड़े दौड़े आएँगे,
तुझे गले से लगाएँगे।
अखियाँ मन की खोल,
तुझको दर्शन दिलाएँगे।
है राम रमइया वो,
है कृष्ण कन्हैया वो।
वो ही तो साईं है।
सत्गुरू कर्म राहों पर चलो,
प्रेम से पुकार लो,
तेरे पापों को जलाएँगे।
कृपा की छाया में बैठाएँगे तुमको,
जहाँ तुम जाओगे।
उनकी कृपा दृष्टि जब जब पड़ेगी तुम पर,
भव सागर तर जाओगे।
ऐसा है विश्वास मन में,
जोत वो जलाएँगे।
मुनीयों ने, ऋषियों ने, गुरू शिष्य महिमा का किया गुनगान है।
साईं के चरणों में झुकती सकल सृष्टि, झुके इन्सान है।
महिमां है अपार,
सच की राह वो दिखाएँगे।

साईं आरती

हे दीन बन्धु दीना नाथ, प्रभु हमपे दया करना।
जब याद करें तुमको, तब दरस दिखा देना।
मोहित हूँ मैं माया से, कुछ ऐसी कृपा करना।
अभिमान हमें आए, तब दया दृष्टि रखना।
संसार से अपनापन सर बस मिटा देना।
मानुष तन दे करके कृतार्थ किया तुमने।
खुद को पाने का मौका हर बार दिया तुमने,
इस बार तो नइया को तुम पार लगा देना।
नेक हूँ या पापी हूँ, या हूँ मैं दुराचारी,
जैसा भी हूँ, तेरा हूँ, हूँ तेरा मैं पुजारी।
अब मन में मेरे अपनी इक जोत जला देना।
ना धन मैं माँगता हूँ, ना वैभव ही चाहिए।
ना नाम धाम जग का, ना मुक्ति ही चाहिए।
दे सकते हो तो दे दो तुम भक्ति का नज़राना।
जब मृत्यु निकट आए तब स्वयम् आ जाना।
इस बावरी की नइया भव पार लगा जाना।
फिर जन्म ही देना हो, चर्णों में जगह देना।
हे दीन बन्धु दीना नाथ, प्रभु हमपे दया करना।
जब याद करें तुमको, तब दरस दिखा देना।

तेरी शान, मेरी आस

तेरी शान! तेरे जलाल को मैंने जब से दिल में बिठा लिया।
मैंने सब चिराग बुझा दिये, मैंने इक चिराग जला लिया।

तेरी याद ही मेरी आस है। तेरी धूल मेरा लिबास है।
अब मुझे तू अपना बना भी ले, मैंने तुझको अपना बना लिया।

मुझे धूप छाओं का गम नहीं, तेरे काँटे फूलों से कम नहीं।
मुझे जान से भी अज़ीज़ है, इस चमन में तेरा लिया दिया।

तेरी रहमतें बेहिसाब, करूँ किस ज़ुबान से शुक्रिया।
कभी मुझसे कोई खता हुई तूने फिर गले से लगा लिया।

तू अमीर है मैं फकीर हूँ, तेरा मेरा रिश्ता अजीब है।
कभी रूक गया तो चला दिया, कभी गिर पड़ा तो उठा लिया।

कभी आसमां पे है आदमी, कभी आदमी है जमीं पर,
ये सज़ा भला उसे क्यूं मिले जिसने अपने सर को झुका लिया।

मेरे साथ साया है साईं का बस ये तस्सली की बात है।
मैं तेरी नज़र से ना गिर सका, मुझे हर नज़र ने गिरा दिया।

फूल काँटे बाँटने वाला बाँटे

इक झोली में फूल भरे हैं, इक झोली में काँटे, बेकारण से,
तेरे बस में कुछ भी नहीं, ये तो बाँटने वाला बाँटे।
पहले बनती है तक्दीर, फिर बनते हैं शरीर।
यह साईं की कारीगरी है तू है क्यों गमगीन।
नाग भी डस ले तो मिल जाए किसी को जीवन दान,
चींटी से भी मिट सकता है किसी का नामो निशान
धन का बिस्तर मिल जाए, पर नींद को तरसे नैन,
काँटों पे भी सोकर आए किसी के मन को चैन।
सागर से भी बुझा पाए कभी किसी की प्यास?
कभी एक ही बूंद से हो जाती है पूरी आस।
मन्दिर मस्जिद में जाकर भी कभी ना आए ज्ञान,
कभी मिले मिट्टी से मोती, कभी पत्थर से भगवान्।

दीदार

आँखों को इन्तज़ार है साईं नाथ आपका,
होगा ना जाने कब हमें दीदार आपका।

आया हूँ तेरे दर पे मुझको स्वीकारीए।
दर्शन की आस दिल में है खाली न टालीए।
घबरा के दम ना तोड़ दे बीमार आपका।

सजदा कबूल हो ना हो, दर पे पड़ा रहूँ,
मैं तेरे दरबार के सन्मुख खड़ा रहूँ,
जाँऊ कहाँ मैं छोड़ कर दरबार आपका।

दासी की है यह आरज़ू, इक बार देखले।
डाली से फूल टूट कर शायद ना फिर खिले,
इक दिन तो छोड़ जाएँगे संसार आपका।

खुशी कहाँ है

मैं खुशी की तलाश में घर से निकली,
बस ढूंढती रही पर पा ना सकी।
खुशी क्या है? सब अपनी समझ का तकाज़ा है।
कोई मुर्दों की कमाई से महफिलें सजाता है,
डाक्टर मरीज़ों की कमाई से खुशियाँ मनाता है,
पीने वाला नशे में डूब झूमता और गाता है।
खुशी तो अन्दर है, सिर्फ अन्दर जाने से मिलती है।
जैसे वीराने में पानी के बिना भी कली खिलती है।
अपनी अपनी सोच का कटक है, हम जिसे खुशी कहते हैं।
अगर बाहर ही तलाश है तो दुखियों का दुःख बाँट के देख।
रोते हुए चेहरे को फिर से हंसा के देख।
तेरी मेहरबानीयों को अनगिनत दुखी तरसते हैं।
फिर खुशी ही खुशी तेरे दर पे दस्तक देगी।
यही जीने की लगन तेरा सब दुःख हर लेगी।
बस खुशी एकअन्मोल खजाना है, अपनी सोच से मिलता है।
संसार निभाते हुए खुदा से मिलने की कोशिश करनी है।
साथ साथ फर्ज़ और धर्म भी निभाने हैं
अपने मन की खुशी के ख़जाने लुटाने हैं।
शायद हम नई कार में जा रहे हैं पर अन्दर बाहर से दुखी हैं,
और साईकिल पे जाने वाला आनन्दमयी गुनगुना रहा है।
या हम मौजों से खाना खा रहे हैं पर पेट सह नहीं पा रहा है,
और पत्ते पर खानेवाला अचार के साथ चटकारे लेकर खाता है।

तेरी बन्दगी

मुझे कौन पूछता था तेरी बन्दगी से पहले,
मुझे कौन चाहता था तेरी बन्दगी से पहले।

मैं तो ख़ाक था भला क्या थी मेरी हस्ती,
मैं थपेड़े खा रहा था, तूफ़ां में जैसे कश्ती।
दर दर भटक रहा था तेरी बन्दगी से पहले।

मैं तो इस जहां में जैसे खाली सीपें होती,
मेरी बढ़ गई है कीमत तूने भर दिये हैं मोती।
मेरा कौन आसरा था तेरी बन्दगी से पहले।

यूँ तो है जहां में लाखों, तेरे जैसा कौन होगा,
तेरे जैसा दरया रहमत, भला ऐसा कौन होगा।
कि खुदा तलक जुदा था, तेरी बन्दगी से पहले।

तेरी करूणा भी बड़ी है, तेरी हस्ती बस कमाल,
केवल दया की दृष्टि, तेरे दास का सवाल।
ना तो गीत का गला था तेरी बन्दगी से पहले।

लगन यह कैसी

ज़रा इतना तो बतायो भगवन, लगन यह कैसी लगा रहे
ह ा ` ,
मुझी में रह कर मुझी से अपनी ख़ोज कैसी करा रहे हो।

हृदय भी तुम हो तुम्ही हो धड़कन,
प्रेम तुम हो तुम्ही हो प्रेमी,
पुकारता दिल तुम्ही को क्यूंकर
तुम्ही जो मन में समा रहे हो।

प्राण तुम हो तुम्ही हो जीवन
नयन तुम हो तुम्ही हो ज्योती,
तुम्ही को लेकर तुम्ही को ढूँढूं,
नई ये लीला सिखा रहे हो।

मन भी तुम हो तुम्ही हो रचना,
संगीत तुम हो तुम्ही हो रसना।
स्तुती तुम्हारी तुम्ही से गाऊँ
नई ये लीला सिखा रहे हो।

धर्म भी तुम हो तुम्ही हो धरता,
करम भी तुम हो तुम्ही हो करता
निमित कारण मुझे बना कर,

आशा का चेहरा

धीरज रख! वो रहमत की बरखा भी बरसा देगा,
जिस साईं ने दर्द दिया ही, वो ही दवा भी देगा।

तोड़ कभी ना आस की डोरी खुशियां देगा भर भर के बोरी,
मगर वो गम की परछांई से तुझे डरा भी देगा।

जिसके हाथ में सबकी रेखा, उसकी ओर जिसने भी देखा,
सही समय पर मध्धम तारा, वो चमका भी देगा।

माँग में भर बिन्दिया से पहले, नाम वही निंदिया से पहले,
इक दिन वो तेरी आशा को इक चेहरा भी देगा।

बड़ जाएगी हिम्मत तेरी, घटेगी जब घनघोर अन्धेरी,
बूँद बूँद तरसाने वाला जाम पिला भी देगा।

साईं के उजालो

साईं के उजालो, मेरे साईं के उजालो,
आँखों में सिमट जाओ, अन्धेरों को मिटालो।

महफिल में तेरी आए तो सब एक हुए हैं।
रस्ते पे तेरे चलके सभी नेक हुए हैं,
हर पग पे सम्भाला है तो आगे भी सम्भालो।

बरसों से तुझे दिल की नज़र ढूँढ रही है,
जिस घर में छुपे हो वही घर ढूँढ रहे हैं,
परदों से निकल कर मुझे आँचल में छुपा लो।

दुनिया का अजब हाल है इन्सान हाथों,
ऐसा तो ना होगा कभी शैतान के हाथों,
अब चाहो तो आकाश पे धरती को उठालो।

साईं के उजालो, मेरे साईं के उजालो,
आँखों में सिमट जाओ, अन्धेरों को मिटालो।

झूठी तेरी शान

मत कर तू अभिमान रे बन्दे, झूठी तेरी शान रे,
झूठी तेरी शान रे, झूठी तेरी शान रे।

तेरे जैसे लाखों आए, लाखों इस माटी ने खाए।
रहा ना नाम निशान रे बन्दे, झूठी तेरी शान।

झूठी माया, झूठी काया, वो तेरा जो हरी गुन गाया,
जप ले हरी का नाम रे बन्दे, झूठी तेरी शान।

माया का अन्धकार निराला, बाहर उजाला भीतर काला,
इसको तू पहचान रे बन्दे, झूठी तेरी शान।

तेरे पास हैं हीरे मोती, मेरे मन मन्दिर में ज्योती,
कौन हुआ धनवान रे बन्दे, झूठी तेरी शान।

साईं रिश्ता न समझ पाया

कई जन्म से बुला रहा है,
कोई रिश्ता जरूर होगा,
साईं को तू ही समझ न पाया,
तू ही समझ न पाया।
निकल पड़े हैं साईं के बन्दे,
किसी उजाले की आरज़ू में,
कहीं तो इक रौशनी मिलेगी,
किसी तरफ से तो नूर होगा।
पलक झपकने से खत्म होगी
जगत के ऐशो तरब की मन्ज़िल यह,
करीब आएगा साईं तेरे
तू जितना दुनिया से दूर होगा।
वो पुण्य में भी है, भूल में भी।
वो आग में भी है फूल में भी।
तुझे जो अब तक नज़र ना आया,
तेरी नज़र का कसूर होगा।
वो अपने भक्तों का है दीवाना,
उसे भी तो चाहिए ठिकाना,
तेरी इबादत जो बेगरज़ है
वो खुद ही तेरे हज़ूर होगा।

तुम बिन हमरा कोई नहीं

औ   पालन   हारे,   निर्गुण   और   न्यारे,
तेरे   बिन   हमरा   कोई   नहीं।

हमरी   उलझन   सुलझाओ   भगवन,
तुम्ही   हमको   सम्भालो,   हमारा   कोई   नहीं।

चन्दा   में   तुम्ही   भरे   हो   चाँदनी,
सूरज   में   उजाला   तुम्ही   से,   हमारा   कोई   नहीं।

यह   गगन   है   मगन,   तुम्ही   तो   दिये   हो   इसे   तारे,
भगवन ये जीवन तुम न संवारो तो क्या कोई संवारे।

तेरे बिन हमारा कोई नहीं, साईं बिन हमारा कोई नहीं।

गीत तेरी याद में

सुख भी मुझे प्यारे हैं, दुःख भी मुझे प्यारे हैं।
माँगूं मैं किसे भगवन, दोनों ही तुम्हारे हैं।
दुःख सुख ही तो मानव को इन्सान बनाते हैं,
संसार की नदिया के दोनों ही किनारे हैं।
जिसमें हो रज़ा तेरी, मैं देऊँ दखल कैसे,
चख के भी ना देखूं मैं मीठे हैं या खारे हैं।
जिसमें हो रज़ा तेरी, मरज़ी से मुझे दे दो,
मैं कैसे कहूँ भगवन, मुझे ये दे दो या वो दे दो।
सुख में तुझे याद करूं, दुःख में फरियाद करूं,
बस याद में तेरी मैंने ये गीत संवारे हैं।

100

तेरी प्रीत

नहीं और कुछ मुझे चाहिए, तेरे चरणों में लगी रहूँ,
बस एक यही है मेरी कामना, तेरे चरणों में लगी रहूँ।

जो भला किसी का ना कर सकूँ
तो बुरा किसी का भी ना करूँ।
तेरी प्रीत हो मेरी ज़िन्दगी,
इसे दिल से कभी ना जुदा करूँ।

मुझे अपना दुःख तिल भर लगे,
औरों का दुःख पर्वत लगे।
परवर दिगार दया करो
कि मैं हर किसी की दवा बनूँ।

मेरी वासनाओं को तोड़ दो,
जीवन को ऐसा मोड़ दो।
तेरे नाम का सिमरण सदा,
हर घड़ी हर पल किया करूँ।

तेरे सन्तों का मेरा साथ हो,
और उनका सिर पर हाथ हो।
तेरे नाम का अमृत सदा,
तेरे सन्तों से मैं पीया करूँ।

ध्रुव

ध्रुव, तुम कमाल हो!

कितने प्यारे बच्चे हो और दिल के भी तुम सच्चे हो,

घर वालों की शान हो और बच्चा एक महान हो।

तुम प्यारी बातें करते हो और सबका दिल हरते हो।

मम्मी तेरी जान हैं और पापा तेरी शान हैं,

बहनों की भी तुम जान हो।

तुम बनोगे महान् और घरवालों की शान,

तेरी शरारत बेहिसाब है,

करते रहो, सबका मन हरते रहो।

बस! पढ़ोगे, लिखोगे, बनोगे जनाब,

खेलते रहोगे तो होंगे खराब,

खेलो भी खूब पर पढ़ो भी ज़रूर।

कुछ बनके दिखाना है,

माँ और पापा का सपना खुशियों से सजाना है।

साईं नाम जाप से भव तर जाना है।

तेरे सिवा कोई नहीं

तेरे करम से बेनयाज़ कौन सी शै मिली नहीं,
झोली ही मेरी तंग है, तेरे यहां कमी नहीं।

तीर पे तीर खाएजा, राम से लौ लगाएजा,
उसके ही गीत गाएजा, यह इश्क है दिल्लगी नहीं।

ज़ख्म पे ज़ख्म खाएजा, अपने लहू के घूंट पी,
आह ना कर लबों को सी, ये इश्क है दिल्लगी नहीं।

ये भी ना होश हो मुझे सर सजदा करे झुका हुआ,
जिस बन्दगी में होश हो वो बन्दगी बन्दगी नहीं।

जीने को जी रहा हूँ मैं मालिक तेरे बगैर भी,
ज़िन्दगी जिसे कहें ऐसी ते ज़िन्दगी नहीं।

कबसे पुकारता है दिल सुनता मगर कोई नहीं,
मेरा तो इस जहान में तेरे सिवा कोई नहीं।

माना कि मैं फकीर हूँ, माना कि मैं गरीब हूँ,
मुझसे ना ऐसे रूठीए जैसे मेरा कोई नहीं।

सुमिरन

सुमिरन दीप जलाये के, करूँ हृदय में ध्यान,
शरण पड़े की लाज रख हे मेरे भगवान।
तेरे नाम का सुमिरन करके मेरे मन में सुख भर आया,
तेरी दया को मैंने पाया, तेरी कृपा को मैंने पाया।
शरण पड़े की लाज रख हे मेरे भगवान।
दुनिया की ठोकर खाके जब हुआ कभी बेसहारा,
ना पाकर अपना कोई, जब मैंने तुमको पुकारा,
हे नाथ! मेरे सिर ऊपर तूने अमृत बरसाया।
तू संग में था नित मेरे ये नैना देख ना पाये,
चंचल माया के रंग में यह नैन रहे उलझाए,
जितनी भी बार गिरा हूँ तूने पग पग मुझे उठाया।

कृतिका

कृतिका तुम बहुत प्यारी हो,
और मम्मी पापा की राज दुलारी हो।
खुदा करे फूल ही फूल हों तेरे दामन में,
सदा मुस्कुराती रहो और औरों को हँसाती रहो,
खाना बढ़िया बनाती रहो
और हमको भी खिलाती रहो।
दीदी का कहना माना करो,
ध्रुव तारे का दिल भी जाना करो।
भाई भाई होते हैं, प्यार ही प्यार बरसाते हैं,
पापा हमारी जां होते हैं, खुशियों के फूल खिलाते हैं।
मम्मी तो मम्मी होती है,
कितना प्यार बरसाती है,
हम हंसते हैं तो हंसती है,
सब सुख हमपे लुटाती है,
जितनी बने सेवा करलो
और दामन खुशियों से भर दो।
दादी की भी तुम प्यारी हो
और सबकी राज दुलारी हो।
खुश रहो, आज़ाद रहो!
बस मुस्कुराती रहो।
खुशियों के गाने गाती रहो।
हा हा हा हा हा हा हा

ऐहसास

वो तो इक ऐहसास है,

  हर आमो खास के पास है।

हम उसे आँखों से खोजते हैं,

  वो दिल अन्दर बसता है, हर घड़ी हंसता है।

हम दुःखों में रोते हैं,

  अपना सब कुछ खोते हैं।

सब कर्मों क्त लेखा जोखा है

  जो खुद ही पूरा करना है, हर जन्म में भरना है।

हम ही मूर्ख होते हैं,

  पूरा जन्म सोते हैं, सब कुछ खोते हैं।

अब हमको जागना है,

  जाग कर बस उसके जानना है।

शोर में नहीं अन्दर को भागना है।

  हर साँस में वो है हर आमो खास में वो है।

बस गर्दन झुकाओ देख लो।

  नदी पहाड़ में वो है, चाँद तारों में वो है।

कोई जीता है वो है, कोई मरता है वो है।

  हम तो सिर्फ खिलौना हैं,

इकपल में टूट सक्ते हैं।

  बस हमको जागना है, जाग कर बस उसके जानना है।

कुछ तो कर जा

संसार चलता रहा और चलता ही रहेगा।

बस हम ही फ़ना होकर जाते हैं,
और नए नए जन्मों में आते हैं।
कुछ तो फूल बनके आते हैं,
और कुछ सूल कहलाते हैं।
यह सब क्यूँ होता है?
सब करमों का लेखा जोखा है।
कोई तो शहनाइयों संग आते हैं,
और इनके संग ही जाते हैं।
कोई गोदी में रोते बिलखते आता है,
और रोता ही चला जाता है।
यह सब क्यूँ होता है?
सब करमों का लेखा जोखा है।
इक बंजारा जा रहा था और गुनगुना रहा था।
अरे कुछ तो करजा जो लोग तुझे याद करें।
बस प्यार बाँटते चलो, प्यार बाँटते चलो।
हम हंसते हुए जाएं, लोग प्यार के नारे लगाएं।
हंसते हंसते आना है और हंसते ही चले जाना है।
बस कुछ तो करजा जो लोग तुझे याद करें।

हीरा जन्म, माटी काया

अब ना बनी तो फिर ना बनेगी।
नर तन बार बार नहीं मिलता।
अब ना बनी तो फिर ना बनेगी।

हीरा सा जन्म क्यूं विरथा गंवाया,
ना सतसंग किया ना हरी गुण गाया।
जननी तेरी तुझे फिर ना जनेगी।

तेरी जवानी भ्रम भुलानी,
गुरू, पित, मात की बात जा मानी।
नइया कहो कैसे पार लगेगी।

ओ प्राणी, तेरी काया माटी,
माटी में माटी मिलके रहेगी।
अब ना बनी तो फिर ना बनेगी।

सतगुरू

सतगुरू तुम्हारे नाम ने जीना सिखा दिया,
मुझको तुम्हारे नाम ने जीना सिखा दिया
भूली हुई थी रास्ता भटकी हुई थी मैं,
किस्मत ने रहबरे काबिल मिला दिया
जिस सर ने आज तक कभी सजदा नहीं किया,
वो सर तो मैंने आपके दर पर झुका दिया
रहते हैं जलवे हर घड़ी नज़रों में आपके,
मस्ती का जाम आपने ऐसा पिला दिया
जिस दिन से मैंने आपको अपना बना लिया,
उस दिन से आपने मेरा जिम्मा उठा लिया
दोनों जहां की दौलतों को मैंने है पा लिया

Vijay Malhotra with her daughter Ritu Dhawan &
her son-in-law Chandraj Dhawan

मुरशिद कमाल मेरा

प्यासा कोई मुसाफिर भूले से दर पे आया,
बरसा है बनके बादल तेरी रहमतों का साया।

रहमों करम का कैसे करूं शुक्रिया अदा मैं,
दिल ने जहाँ पुकारा, वहीं दौड़ कर तू आया।

पीरां के पीर मुरशिद, मुरशिद कमाल मेरी,
कैसे तुम्हे भुला दूँ, मुद्दत के बाद पाया।

तेरे सामने से उठकर मैं किस तरह से जाऊँ,
तुझसे हसीन दिलभर अब तक नज़र ना आया।

वीरान हो बस्ती या सहरा हो या चमन हो,
हर गुल में तेरी खुशबू, तेरा नूर है समाया।

जब भी मेरा शबीना तूफां से डगमगाया,
तूने दिया सहारा, आगे है बढ़के आया।

About Author

Vijay Malhotra, who hails originally from Amritsar, Punjab, India, is a spiritual poet and a singer. She met her Guru ji in her 30s and since then she is immersed in Sai devotion.

After her education at the government college, she got married and moved to Firozepur. Within a few years, she settled in Jalandhar with her husband, a son (Sunny) and a daughter (Ritu). Now Vijay oftern visits her daughter Ritu in Canada.

Vijay Malhotra had no interest in poetry or in writing before she met Guru ji. With Guru ji's blessings, she started reaching meditative state often. According to Vijay, meditation opened the fine arts chambers in her brain and her hands started writing without any practice and experience.

Her poems touch all walks of life. They range from Sai to family to society.

Vijay Malhotra's energy is flowing toward her daughter, Ritu, who serves a Sai temple in Vancouver, Canada. Sai energy is always felt near this family.

Vijay Malhotra & her late husband Raj Kumar Malhotra

Other Publications by CITP INC:

Other Publications by CITP INC.

Authored by Dr. Monika Spolia
List Price: $19.99
6″ x 9″ (15.24 x 22.86 cm)
176 pages
ISBN-13: 978-1481926720
Order online on Amazon.ca or Amazon.com

Authored by Dr. Monika Spolia

List Price: $10.00 Can + shipping
6"x9" (15.24 x 22.86 cm)
74 pages
ISBN: 9780986747250
Email at services@citpinc.biz to order your copy today.

Other Publications by CITP INC.

Authored by Dr. Monika Spolia

List Price: $10.00 Can + shipping
6″x9″ (15.24 x 22.86 cm)
74 pages
ISBN: 9780986747250
Email at services@citpinc.biz to order your copy today.

Other Publications by CITP INC.

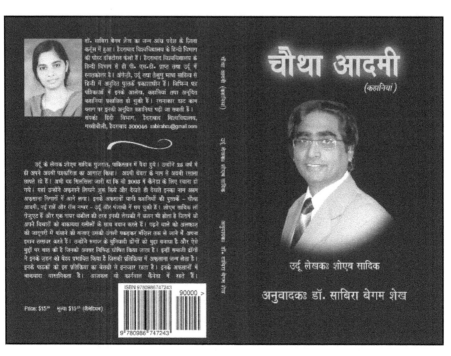

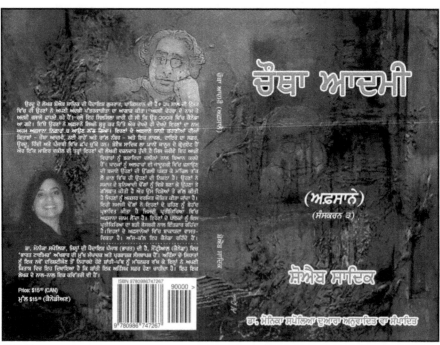

Other Publications by CITP INC.

Milton Keynes UK
Ingram Content Group UK Ltd.
UKHW020634290824
447491UK00016B/329